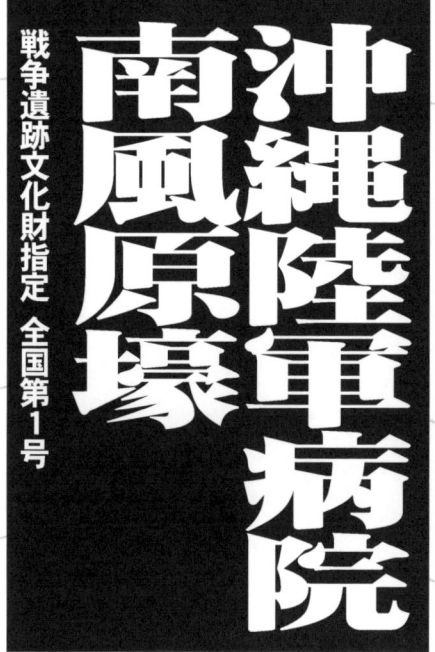

沖縄陸軍病院南風原壕

戦争遺跡文化財指定 全国第1号

吉浜　忍
大城和喜
池田榮史
上地克哉
古賀徳子

高文研

沖縄戦終結45周年の1990年、沖縄県・南風原町は沖縄陸軍病院南風原壕を町の文化財に指定した。全国で初めてアジア太平洋戦争の戦跡を文化財指定したのだ。当時、国や沖縄県に、戦跡を文化財として指定する基準がなかっただけに、暗中模索・試行錯誤の取り組みであった。国や県は、戦跡を文化財指定する法的根拠がないとして受け付けなかった。そこで南風原町は、新たに「沖縄戦に関する遺跡」という文言を挿入して指定基準を改正し、法的根拠をつくった。ちなみに国が指定基準を改正して、戦跡を指定対象としたのは1995年である。
　沖縄陸軍病院南風原壕の文化財指定理由には、「南風原陸軍病院壕は、戦争の悲惨さを教える生き証人である。（中略）戦争体験者が県民の半数以下に減っている今日、沖縄戦を語り継ぐことが年々難しくなっている。21世紀になると体験者から聞き取りすることはほぼ不可能になるだろう。この時点で沖縄戦を語れるのは壕しかない。壕を保存すれば、半永久的に語ってくれるし、追体験する上でも有効である。（中略）南風原陸軍病院壕は南風原町にとって沖縄戦を知るかけがえのない文化財である」と謳っている。
　南風原町は、字別の沖縄戦戦災悉皆調査、沖縄陸軍病院南風原壕の徹底した調査を行い、その成果を町民に還元してきた。そのなかで、沖縄陸軍病院南風原壕の保存活用という目標を見据えた取り組みもすすめ、2007年6月18日に整備・公開にこぎつけたのだ。
　この戦争遺跡文化財指定・全国第1号である沖縄陸軍病院南風原壕を文化財として永久的に保存、公開、活用していくための、平坦ではなかった南風原町の取り組みをここに報告する。

　なお2007年6月9日の南風原町文化財保護委員会で、これまで使用していた「南風原陸軍病院壕」を「沖縄陸軍病院南風原壕」に改めた。時系列的な記述などがあるため、本書の記述には両者が混在していることを、ご了承いただきたい。

●——もくじ

序　沖縄陸軍病院壕のある街・南風原町 ●吉浜　忍
　※沖縄陸軍病院壕と南風原文化センター　7
　※20号壕公開の日　11

I　沖縄戦と南風原 ●吉浜　忍
1 沖縄戦とはどのような戦争だったのか
　(1) 第32軍の沖縄配備
　　※第32軍の編成と当初任務　14
　　※戦闘部隊の沖縄配備　15
　　※主力部隊の配備　16
　　※第9師団抽出による配備変更　17
　　※再配備変更　18
　　※帝国陸海軍作戦計画大綱　18
　　※沖縄戦前夜　19

　(2) 沖縄戦の経過
　　※米軍上陸　20
　　※主力攻防戦　22
　　※第32軍、南部へ撤退　22
　　※南部戦線　24
　　※北部戦線　25
　　※宮古・八重山の戦闘　25
　　※収容所生活　26
　　※沖縄戦の終結　26

2 南風原が語る沖縄戦
　(1) 南風原に配備された部隊
　　※後方部隊が配備される　27
　　※前線部隊も配備される　28
　　※列車大爆発　30
　　※混在した部隊と住民　30
　　※米軍上陸前後の部隊配備　32

　(2) 沖縄戦前夜の南風原

※本土への疎開　33
　　※十・十空襲　33
　　※山原への疎開　34
　⑶　戦場となった南風原
　　※死の十字路・死の橋　34
　　※南部避難　36
　　※村民の戦死　38
　　※戦後復興　40

Ⅱ　沖縄戦と沖縄陸軍病院南風原壕……………●古賀徳子
1　沖縄陸軍病院と沖縄戦
　　※沖縄陸軍病院のあらまし　43
　　※開設当初の沖縄陸軍病院　43
　　※十・十空襲で南風原へ　44
　　※南風原における沖縄陸軍病院　45
　　※炊事場　48
2　沖縄陸軍病院南風原壕で起こったこと
　　※壕の構築　48
　　※進んでいなかった壕の工事　49
　　※各診療科の様子　50
　　　■第一外科　　■第二外科　　■第三外科
　　※飯あげとオニギリ　57
　　※青酸カリを患者に配布　57
　　　■第一外科での配布　　■第二外科での配布　　■第三外科での配布
3　壕の「記憶」──20号壕
　　※沖縄戦当時の20号壕　63
　　※20号壕の勤務者と患者たち　65
　　　■ひめゆり学徒の仕事　■看護婦の仕事　■軍医たち　■衛生兵たち
　　　■患者たち
　　※焼き尽くされた20号壕　70

Ⅲ　「記録し、伝える」取り組み
1　高校生の学園祭展示……………●吉浜　忍

※沖縄戦をテーマにした展示計画の提案　74
　　※クラス展示構想の決定　75
　　※学園祭当日　75

2 沖縄戦の「記憶」を「記録」—若者の戦災実態調査 …………● 吉浜　忍
　　※字別沖縄戦戦災実態調査　76
　　※炎天下での全戸悉皆調査　77
　　※学習を重ねながらの調査　78
　　※14年かけて全12字を調査、報告書を作成　78
　　※戦災調査の意義　79
　　※戦争遺跡の記録　81
　　※調査の成果を展示に　81

3 南風原文化センターの取り組み …………● 大城和喜

(1) 初代南風原文化センター
　　※壕の常設展示　83
　　※多岐にわたる企画展・催し物　83
　　※子どもを育てる「子ども平和学習」　86
　　※平和学習卒業生の組織「アオギリ・ドットコム」　87
　　※南風原ユース　87

(2) 新南風原文化センター
　　※南風原の沖縄戦　88
　　※戦後　ゼロからの再建　90
　　※南風原の移民　92
　　※人びとの暮らし　92

IV　病院壕の文化財指定と保存活用の取り組み

1 保存活用調査研究委員会　94 …………● 吉浜　忍
　　　◆保存・活用の答申

2 整備公開検討委員会　96 …………● 吉浜　忍

3 考古学手法による壕群の調査 …………● 池田榮史
　　※調査にいたるまでの経緯　98
　　　◆沖縄陸軍病院と南風原壕群
　　　◆『南風原陸軍病院』
　　　◆南風原町による史跡指定と「戦跡考古学」

※調査の方法と経過　101
　◆沖縄陸軍病院南風原壕群調査の開始
　◆調査の方法と経過
※考古学的調査の内容　103
　◆事前調査(第1段階)、および測量調査(第2段階)の調査成果
　　・本部壕　・第一外科壕　・第二外科壕　・第三外科壕
　◆各壕の平面構造について
※第二外科20号壕の考古学的調査　108
※第一外科24号壕の考古学的調査　114
※考古学的調査の成果と課題　117
　◆考古学的調査の成果
　◆今後の課題

V　20号壕の整備はどのように行われたのか……●上地克哉

※泥岩層に構築された壕の体質　120
※整備前の20号壕　121
※整備直前の発掘調査　123
※整備工事―机上の計画と現場の現実　124
　■工事の進め方　■作業の進め方
※下請け業者がいない　127
※人力が頼りの作業　128
※オリジナルには手を付けない　130
※鎮魂広場　131
※飯あげの道の整備　132

VI　20号壕の公開、活用……●上地克哉

※ガイド養成講座からの出発　138
※南風原平和ガイドの会　138
※20号壕の見学方法　139
※見学者の状況　141
※壕の維持管理　141
※ガイドの横顔　143
※20号壕見学者の声　145
※そして、壕の未来　148

Ⅶ 戦争遺跡の調査と保存運動の歩み
　　——沖縄を中心に…………●吉浜　忍
※観光目的の保存活用　152
※戦跡めぐりの始まり　153
※戦争遺跡の保存要請　153
※戦争遺跡の調査－県立埋蔵文化財センターの取り組み　155
※沖縄県内の戦跡指定　157
※戦跡文化財指定と困難性　159
※破壊される戦争遺跡　161
※戦争遺跡保存全国ネットワーク　163
※マスコミの後押し　164
※戦跡ガイドブックの発刊　165

あとがき　169

装丁・図版デザイン＝吉浜　新

序　沖縄陸軍病院壕のある街・南風原町
——吉浜　忍

　南風原町は、沖縄本島南部のほぼ中央に位置し、県都那覇市に隣接しており、県内では唯一海に面していない自治体である。国道329号が町を横断し、沖縄自動車道（高速道路）と国道507号が町の東西に走っていて、南風原町は交通の要衝である。1970年代、都市化の進展にともない生活利便性が高い自治体の1つとして、人口増加が著しく、1980年には村から町になった。人口は2009年7月現在34,634人、近年は微増傾向となっている。

　都市化しているものの、綱引きや獅子舞などの伝統行事が盛んに催され、地域共同体の基盤も強い。また、伝統的な織物である琉球かすりの生産地として知られており、町は1977年に「かすりの里」を宣言している。さらに生産日本一のへちま、ストレイチア、それに有数のかぼちゃ産地としても県内外に知られている。

　あまり知られていないが、1982年に、「『ふたたびあやまちを繰り返さない』との決意をこめ、平和で住みよい調和のとれた田園都市を目指」す「非核宣言」をした。自治体の「非核宣言」は県内では最初である。そして現在、町の基本理念に「平和」「自立」「共生」を掲げ、ともにつくる「黄金南風の理想郷」の将来像（南風原町第4次総合計画）をめざしている。

❖沖縄陸軍病院壕と南風原文化センター

　国道329号を那覇市方面から進み、南風原交差点を右に曲がると、まもなく左側に南風原小学校が見える。この南風原小学校は、1944（昭和19）年に沖縄陸軍病院の病舎として使用された。

　沖縄陸軍病院は1944年5月に第32軍直属の陸軍病院として編成された。当初は那覇市内の中学校などを使用していたが、10月10日の空襲で校舎などが焼失したため、南風原国民学校（太平洋戦争勃発の1941年に尋常高等小学校を国民学校に改称した）に移ってきた。病院となっていた当時から南風原町字喜屋武の東側にある黄金森と呼ばれる丘陵を中心に、人力で約30の横穴壕を構

国道329号～南風原文化センター

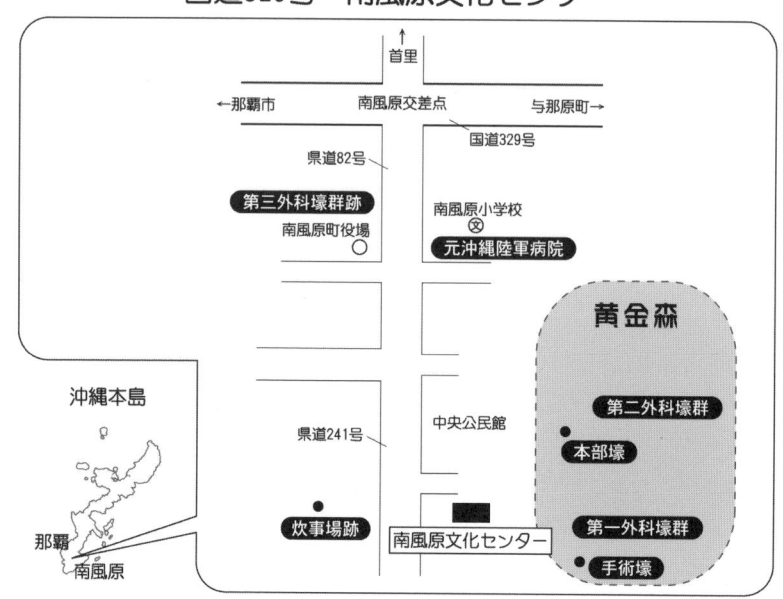

築していた。

　45年3月23日から米軍の空襲と艦砲射撃が始まり、南風原国民学校も焼けたため、陸軍病院は構築中の壕に移動した。米軍が上陸すると、外科を第一外科、内科を第二外科、伝染病科を第三外科として患者の増加に対応していた。

　5月下旬に第32軍司令部は首里から南部への撤退を決定し、陸軍病院にも撤退命令が出された。

　南風原小学校の向かいには南風原町役場があり、この近くに第三外科壕があったが、現在は破壊されていて、壕跡を確認することはできない。100メートルほど大里方面に進むと、左側に黄金森が見える。その麓にある建物が、2009年11月に新装なった南風原文化センターだ。

　南風原文化センターの正面には、学童集団疎開碑（2009年建立）が建てられている。その碑の真向かいの県道241号を超えたところに、こんもりとし

序　沖縄陸軍病院壕のある街・南風原町

2009年11月3日に新装オープンした南風原文化センター

た森が見える。沖縄陸軍病院の炊事場であったが、現在は「名護の殿」として地域住民の信仰の場になっており、炊事場の跡は残っていない。

　黄金森の中腹には沖縄陸軍病院本部壕があったが、壕は埋没しており、壕口も確認できない。

　センターの正面左側を進むと左側に手すりがついた石畳と階段（2009年町が修復・新設）が見える。少し登ると、右側に碑が建っている。長田紀春元陸軍病院軍医見習士官が詠んだ「歌碑」（1994年沖縄陸軍病院慰霊会建立）、内閣総理大臣佐藤榮作書の「悲風の丘」（1966年）、「重傷患者二千余名自決之地」が刻まれた「南風原陸軍病院壕趾」（1953年南風原村建立）の碑である。これらの碑の後ろに、第一外科壕の埋没壕が確認できる。この丘には第一外科壕が掘られていたのだ。

　さらに階段・石畳を登りきると、小さな十字路に達する。左側に地域の信仰場「仏ぬ前」碑がある。正面には土の坂道（下り）が見える。沖縄戦当時の飯あげの道である。この道を砲煙弾雨の中、泥だらけになった「ひめゆり学徒隊」が2人1組でオニギリが入った醤油樽を担いでいた。

9

南風原文化センター〜飯あげの道〜20号壕

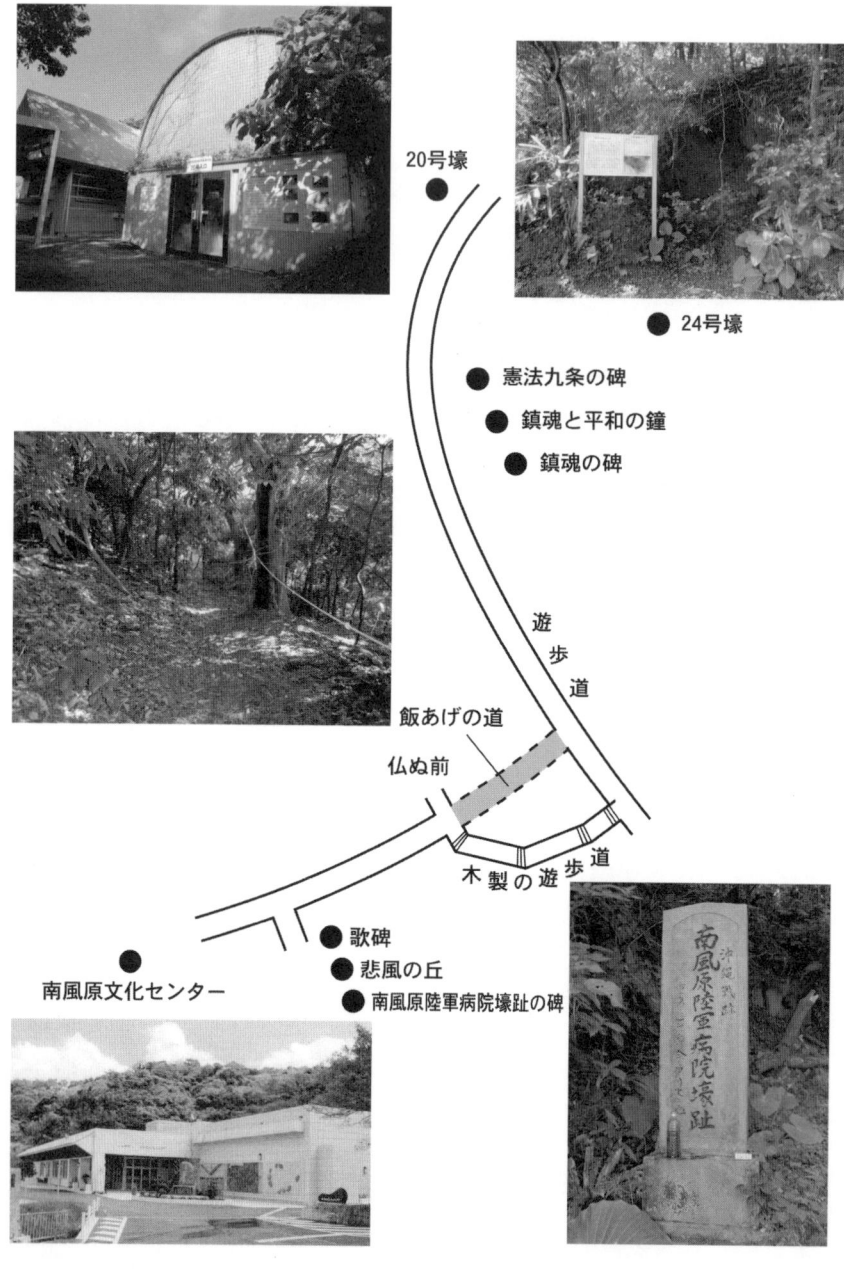

ここを下りきると、遊歩道に出る。左に進むと碑のある広場が見える。長田紀春が詠んだ歌が刻まれた「鎮魂の碑」(2009年沖縄陸軍病院慰霊会)、黄金森に眠る傷病兵への鎮魂と不戦を誓う「鎮魂と平和の鐘」、日本国憲法第9条第2章「戦争の放棄」が刻まれた「憲法九条の碑」が建っている。

広場から約30メートル下ると24号壕だ。壕口が落盤して中を見ることはできない。この壕は、「ひめゆり学徒隊」が集結していた壕だ。後に患者壕になったが、この壕の様子については「ひめゆり学徒隊」関係者による多くの証言がある(Ⅱ章参照)。現在、24号壕は中に入れない。この付近には第一外科の壕が掘られていた。

広場に戻ると、ここから南側前方に大里・玉城方面が遠望できる。眼下に横断している道があり、その付近に三角兵舎が建てられていた。その三角兵舎の1つで「ひめゆり学徒隊」が卒業式を行った。

広場から三角屋根の管理室の建物が見える。この管理室の後ろの丘に第二外科壕があった。その1つが20号壕で、南風原町が整備公開した壕である。

✣20号壕公開の日

2007年6月17日。沖縄陸軍病院南風原壕群20号の公開式典が、20号壕の入口前で開かれた。その日は滝が落ちるような土砂降りの雨が降っていた。そう言えば沖縄戦も雨の日が多かった。この時期、今も昔も沖縄は梅雨の只中にあるのだ。参加者の中から、「この雨は沖縄戦犠牲者の涙である」や「鎮魂の雨である」という声があがっていた。

式典には、町長や役場関係者、元陸軍病院関係者、元ひめゆり学徒ら約150人が参加した。式典では、陸軍病院壕があった黄金森で犠牲者になった御霊に黙祷を捧げた後、サークル「ユーアンドアイ」による手話ダンス「さとうきびの歌」が奉納踊りとして披露された。

あいさつの最初に町文化財保護委員会委員長(吉浜)が公開までの経緯と公開の意義を述べ、「今後は壕が体験者に代わって沖縄戦を語る、そういう意味では今日から新たなスタート地点に立った」ことを強調した。

また、城間俊安町長は「壕の公開は、戦争を追体験し、命の尊さを知る平和教育の場として全国に発信したい」と公開の抱負を述べた。さらに長田紀

整備・公開された沖縄陸軍病院南風原壕群20号

春元陸軍病院軍医見習士官が自らの体験を踏まえて、「沖縄戦当時、壕に担ぎ込まれた負傷兵の姿や命が尽きる瞬間の負傷兵が思い出され、今でも胸が締め付けられる思いがする」と切々と語った。

　テープカット後、参列者は20号壕を見学、翌日から一般公開された。公開式典には県内外のマスコミの取材があり、関心の高さが示された。

　雨音を聞きながら、これまでの沖縄陸軍病院南風原壕の取り組みが頭をよぎった。きっかけをつくった南風原高校での学園祭、地域に根ざした若者による南風原町戦災実態調査、暗中模索の文化財指定、保存活用の取り組み、そして前代未聞の整備公開など。壕を公開するまでの道は平坦ではなかった。まさに道なき道を歩いた感を覚える。ときには立ち止まり、ときには新しい道をつくり、今日の日を迎えたのだ。

　吉浜にとって、南風原高校での学園祭から24年（後述）、南風原町文化財指定してから17年の歳月を費やしていた。

沖縄戦と南風原

―――吉浜　忍

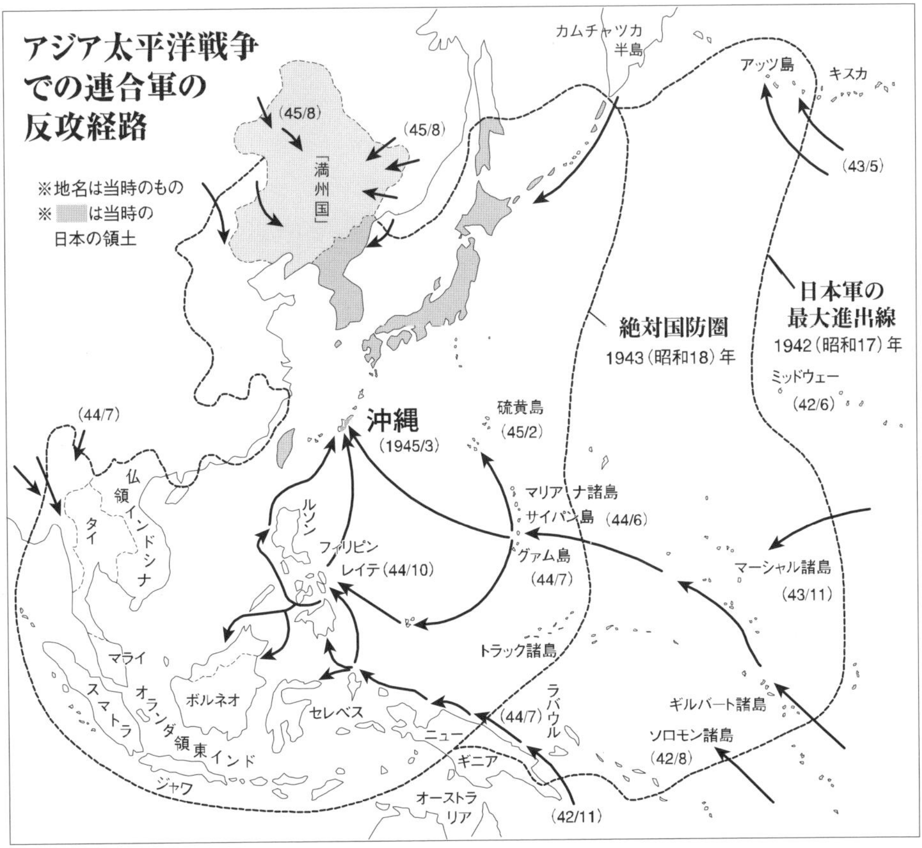

アジア太平洋戦争での連合軍の反攻経路

※地名は当時のもの
※■は当時の日本の領土

1 沖縄戦とはどのような戦争だったのか

（1）第32軍の沖縄配備

❋第32軍の編成と当初任務

　1943（昭和18）年9月15日、太平洋戦線で劣勢に立たされた大本営（戦時の天皇直属の最高統帥機関）は、戦争継続のため太平洋及びインド洋方面において絶対確保すべき要域を定めた「絶対国防圏」を設定した。この時点では、絶対国防圏の後方に位置する沖縄は軍事上重要視されていなかった。ところが、大本営の予想を上回る米軍の攻勢がにわかに沖縄を注目させた。

　1944年3月22日、大本営は第32軍を編成し、同日、「十号作戦準備要綱」を発した。それによると、第32軍の任務は「軍の交通路の確保」と「敵の奇襲攻撃に備える」ことであり、そのための「航空作戦の準備」であった。すなわち、第32軍の当初の任務は、航空基地の設定、つまり飛行場建設であった。そのため、いち早く沖縄に配備した部隊は、航空基地を統括する第19航空地区司令部と飛行場設営部隊であった。一部の飛行場は43年から民間建設会社に請負わせて建設を始めたが、44年からは突貫工事で次の15の飛行場が建設された。沖縄はまさに「不沈空母」と化した。

　陸軍伊江島飛行場、陸軍北（読谷）飛行場、陸軍中（嘉手納、屋良）飛行場、陸軍南（城間、仲西）飛行場、陸軍石嶺（首里）秘密飛行場、陸軍東（西原、小那覇）飛行場、海軍小禄（那覇）飛行場、海軍与根（豊見城）秘密飛行場、陸軍宮古島西（洲鎌）飛行場、陸軍宮古島中（野原）飛行場、海軍宮古島（平良）飛行場、陸軍石垣島東（白保）飛行場、海軍石垣島北（平喜名）飛行場、海軍石垣島南（平得）飛行場、海軍南大東島飛行場

　44年4月20日、渡邊正夫第32軍司令官は「全力ヲ尽シ速ニ飛行場設定ヲ完成スル」ためには、「地方民衆ヲ使用」することを飛行場設営部隊に通達している。15の飛行場を建設するには飛行場設営部隊だけでは足りず、「地方民衆ヲ使用」することなしに完成は不可能であったのだ。事実、飛行場建設には、徴用者、婦人や学生の勤労奉仕など住民を根こそぎ動員し、ツルハシ・

スコップ・モッコなどの道具を持たせた人海戦術をとり、さらに９月には、第32軍は飛行場建設を最優先させ、戦闘部隊も投入してようやく完成にこぎつけた。

❖戦闘部隊の沖縄配備

掩体壕：勤労奉仕で造った航空機の格納庫（読谷村）

　1944年７月７日、南洋群島のサイパン島が陥落した。大本営は「絶対国防圏」の重要な一角が崩れたことにより、７月24日には「捷号作戦」を策定した。そのなかの「捷二号作戦」は南西諸島や台湾に侵攻する米軍と決戦する作戦であった。そのため、戦闘部隊の沖縄配備が急がれた。ところが、いち早く第32軍に編入された独立混成第44旅団・独立混成第45旅団の兵員輸送船の富山丸が沖縄に向かう途中の６月29日、徳之島沖で米軍潜水艦の攻撃を受けて沈没し、約3700人が犠牲となった。すでに東シナ海は米軍が制していたのだ。

　夏になると、「満州」から第９師団（武部隊）・第24師団（山部隊）・第28師団（豊部隊）、中国から第62師団（石部隊）が到着、最終的には沖縄には４個師団と５個旅団が配備された。（注：旧日本陸軍の編成は、規模の大きい順に総軍、方面軍、軍、師団、旅団、連隊、大隊、中隊、小隊、分隊であった。）

　８月８日、病気の渡邊正夫第32軍司令官に代わって牛島満中将が司令官に親補（天皇が親任）され、８月10日に着任した。８月30日、第32軍兵団長会において、牛島軍司令官は「現地自活ニ徹スヘシ」「地方官民ヲシテ喜ンテ軍ノ作戦ニ寄与シ進テ郷土防衛スル如ク指導スヘシ」「防諜ニ厳ニ注意スヘシ」などと訓示した（防衛庁防衛研修所戦史室『沖縄方面陸軍作戦』）。

　訓示を住民との関連でみれば、「現地自活」は度重なる徴用や供出の強要につながり、「地方官民」を自発的に「軍ノ作戦ニ寄与」させることが「郷土防衛」になるよう指導することは、「軍官民共生共死」に結びついていく。一方では、県民に対する「防諜」を注意喚起し、県民への不信感を示している。

この「防諜」に「注意」は、沖縄戦における県民へのスパイ嫌疑に繋がっていくことになる。

訓示に先立つ8月19日、大本営はサイパン・グアムなどの戦訓を活かした「島嶼守備要領」を下達、敵の熾烈なる砲爆撃に対して長期持久に適する陣地編成として、地形を利用した主陣地・水際陣地・複郭陣地・拠点式陣地・偽陣地の構築や陣地の分散秘匿などが示されていた。第32軍もこれに準拠して陣地構築を行い、沖縄は「不沈空母」とともに「要塞の島」と化した。

❖主力部隊の配備

9月末にはほとんどの主力部隊が沖縄に到着。そこで第32軍は、「沖縄本島防衛計画」を策定し、「軍は有力な一部をもって伊江島及び本部半島を確保するとともに、主力をもって沖縄本島南半部に陣地を占領し、海空軍と協同して極力敵戦力の消耗を図り、機を見て主力を機動集結して攻勢に転じ本島南半部において敵を撃滅する」(前掲書『沖縄方面陸軍作戦』)を方針化した。

この「沖縄本島防衛計画」によって主力部隊を次のように配置した。まず米軍上陸予想地である中部西海岸内陸部には第24師団(東海岸には歩兵89連隊を配備)、中部(北谷・中城・宜野湾・浦添・西原)には上陸した米軍に対して機動戦闘するために第62師団、もう1つの米軍上陸予想地の南部には第9師団、小禄半島には沖縄方面根拠地隊(海軍)、伊江島飛行場防衛のために本部半島と伊江島には独立混成第44旅団を配備した。

中南部に主力を配置したため、戦備が薄くなった北部には第3遊撃隊と第4遊撃隊が配置された。遊撃隊は秘匿名を護郷隊と称して、ゲリラ活動を任務としていた。さらに、敵の上陸前の輸送船を強襲するため慶良間諸島に海上挺進隊(陸軍の特攻艇部隊)3戦隊、沖縄本島には糸満に1戦隊、具志頭に1戦隊、北谷に1戦隊をそれぞれ配置した。一方、海軍も特攻艇部隊の震洋隊を金武に1戦隊、屋嘉に1戦隊、さらに運天港には魚雷艇部隊・蛟龍隊(特殊潜航艇)を配置した。

なお、宮古には第28師団・独立混成第59旅団・独立混成第60旅団、八重山には独立混成第45旅団、南大東には歩兵第36連隊、それに第32軍の防衛担任区域であった奄美には独立混成第64旅団を配備した。宮古・八重山・奄美に

も海軍部隊や海上挺進隊・震洋隊（海軍の特攻艇部隊）も配置された。これらの宮古・八重山・奄美に配備された部隊は第32軍の指揮下に置かれた。

✤第9師団抽出による配備変更

　こうして防衛計画に基づいて部隊配置を完了した第32軍に対し、大本営はレイテ作戦に伴い、沖縄から1個師団の台湾転用を命令した。第32軍は苦渋の決断の結果、第9師団の抽出を決めた。南部に配置されていた第9師団は、12月には台湾に移動した。当初、大本営は沖縄から1個師団を抽出する代わりに姫路の第84師団の沖縄派遣を約束していたが、結局本土決戦の兵力不足や海上輸送の危険性を理由に反故にされた。

　第32軍は第9師団が抽出されたことにより、あらたな作戦計画と部隊配備を余儀なくされた。沖縄作戦の立案者の八原博通第32軍高級参謀は「主力をもって和宇慶、我如古、牧港の線以南の地域を占領し、アメリカ軍にして軍主力陣地の沿岸に上陸する場合は、これをその橋頭堡において撃滅し、またもし中頭地区に上陸し南下攻撃しきたる場合は、首里東西の線以北の主陣地において持久し、敵に出血を強要する」と述べている（八原博通『沖縄決戦　ある高級参謀の手記』）。

　この徹底的な持久作戦の企図には、北・中飛行場防衛についても「混成旅団主力を島袋（現北中城村）付近の要点に配置して城外支隊（要塞防禦において要塞外で戦闘する部隊）的任務を付与することにより、大本営の北、中飛行場への強い関心に答えたつもりである。この方面への攻勢は害多くして益少なしと判断していた」、もし「敵が北、中飛行場を使用する場合の妨害は主として主陣地からの長距離砲の威力に期待した」（前掲書『沖縄方面陸軍作戦』）ことが、のちに上級機関である大本営や台湾方面軍との間に齟齬をきたすようになる。

　ともあれ、第32軍は11月26日、徹底的な持久作戦である新作戦計画に基づく部隊配備の軍命令を各部隊に下達し、各部隊に新しい防衛地区を命令した。まず、中部西海岸内陸部に配備されていた第24師団を第9師団が抜けた南部に移動させ、代わりに一部地域を師団より兵力が劣る独立混成第44旅団第15連隊を配置した。すなわち米軍上陸予想地である中部西海岸や北、中飛行場

防衛の戦備を薄くしたのである。

第62師団や沖縄方面根拠隊は南部に配備されたままであったが、独立混成第44旅団の主力が伊江島飛行場や本部半島の防備に引き抜かれたため、南部地域の戦備は若干薄くなった。

✤再配備変更

第32軍は45年1月26日、北、中飛行場防衛をほぼ放棄した配備変更の軍命令を下達した。それによると、島袋に連隊本部を置いた独立混成第44旅団第15連隊を知念半島に移動させ、知念半島に配備されていた第62師団歩兵第64旅団は第62師団の防衛地である浦添方面に移動させた。

第32軍は2月11日、戦力増強を図るため海上挺進基地大隊（特攻艇部隊の海上挺進隊とセットで編成された部隊で特攻艇の秘匿壕構築や整備を任務）を戦闘部隊の歩兵大隊に改編して、各歩兵部隊に配属した。さらに同月には正規兵以外の男子を補助兵力とする防衛召集を大規模に行い、召集した防衛隊を各部隊に配置し、兵力を増強した。3月20日には航空・船舶・兵站部隊を地上戦闘に使用するため第1〜第6の特設連隊を編成した。その第1特設連隊は航空関係部隊で編成され、米軍上陸地の読谷・北谷方面に配置された。

第32軍のこうした度重なる配備変更は上級司令部に不信感を与えたと同時に、指揮下の部隊からも不満の声があがった。たとえば沖縄上陸以来8度も移動し、最終的には知念（ちねん）半島に移動した独立混成第44旅団第15連隊の将兵は、視察に来た牛島司令官に対して「我々は沖縄上陸以来、すでに半年以上全力を傾注して、各所で工事をしてきたが、最後の瞬間において、その努力が少しも役に立たんかと思うと、地団駄を踏みたいような悔しさを感じた」（前掲書『沖縄決戦　ある高級参謀の手記』）と訴えている。

✤帝国陸海軍作戦計画大綱

大本営は45年1月29日、「帝国陸海軍作戦計画大綱」（以下、「作戦計画」と略）を発令した。「作戦計画」は、本土決戦を主眼としており、沖縄は本土の「前縁地帯」と位置付け、敵が上陸した場合には「極力敵ノ出血消耗ヲ図ル」としている。すなわち、「作戦計画」は沖縄戦を本土決戦のための時間稼ぎ

作戦として位置付けていたのである。

　八原博通第32軍高級参謀も「第32軍は本土決戦を有利ならしむる如く行動すべきである。すなわち戦略的には持久である。戦術的には攻勢を必要とする場合もあるが、大局的に考察すれば、沖縄につとめて多くの敵を牽制抑留し、かつ、つとめて多くの血を敵に強要し、しかも本土攻略の最も重要な足場となる沖縄島をつとめて長く、敵手に委せないことであった」（前掲書『沖縄決戦　ある高級参謀の手記』）と述懐している。第32軍が水際決戦を放棄し、持久作戦を計画準備したことは「作戦計画」にそった戦略であったことになる。

　米軍の沖縄上陸が必至となった2月14日、近衛文麿元首相が昭和天皇に拝謁し、「敗戦は遺憾ながら最早必至なり候」を前提に、敗戦よりは共産革命によって国体護持が危うくなるとして早期に戦争終結することを上奏したが、天皇は「もう一度戦果を挙げてからでないと中々難しいと思ふ」と答えた。天皇の「戦果」とは米軍に損害を与えることであり、沖縄県民の命など意識していなかった。

　3月10日、海軍は「作戦計画」に基づいて当面の作戦計画要綱を策定し、天号作戦（南西諸島航空作戦）を陸軍とともに展開することを決定した。海軍は沖縄を決戦と位置付けたが、陸軍は本土決戦に比重を置いていた。

✜沖縄戦前夜

　2月15日、第32軍は全部隊に、次の通り戦闘指針を通達した（前掲書『沖縄方面陸軍作戦』）。

　　第1号　撃破合言葉（標語）
　　　　　　1機1艦船　1艇1船　1人10殺1戦車
　　第2号　敵上陸前ノ砲爆撃ニ対シテハ我戦力ノ温存ニ徹スヘシ之カ為
　　　　　1　築城ノ掩護力ヲ重視スルト共ニ分散、遮蔽、偽装、欺騙ノ価値ヲ認識スヘシ
　　　　　2　陣地ノ配兵ヲ適切ナラシムヘシ
　　第3号　上陸シ来ル敵ニ対シテハ絶対威力圏内ニ於テ之ヲ捕捉シ一挙撃滅ヲ計ルヘシ之カ為

1　射撃開始ノ過早ヲ警メ敵上陸ノ第一波ハ自由ニ上陸セシメヨ

2　火器ノ絶対威力圏ハ其ノ最大射程ノ十分ノ一以下ナリト心得ウヘシ

3　捕捉　要ハ不動如山敵ヲ誘ウテ我ノ腹中ニ致スニ在リ

特に第１号の標語は、各部隊に徹底され、官庁機関にも貼られた。同日、この標語の県民への徹底は参謀長談話として「沖縄新報」紙上でも次のように発表された。「敵が上陸したならば必勝不敗の信念をもって部落単位に所在する部隊に協力すること。弾丸運び、糧秣（りょうまつ）の確保、連絡、そのいずれも大切であるが直接戦闘任務につき敵兵を殺すことが最も大切である」とし、「戦闘はナタでも鍬（くわ）でも竹槍でも身近なもので遊撃戦をやること。地の利をいかし、夜間の斬込み、ゲリラ戦で敵に向かうこと」と、使用武器や具体的な戦闘方法まで述べている。日本軍の沖縄戦は特攻そのものであったが、県民に対しても総特攻を煽っている。県民に対してのこの「戦闘指針」は、のちに大本営が本土決戦のために作成した「国民抗戦必携」に活かされている。

第２、第３号は第32軍の戦略持久作戦の具体的な「戦闘指針」である。

米軍は沖縄攻略に備え、44年10月10日、45年１月21、22日、３月１日に南西諸島に大規模な空襲を行った。さらにＢ29による偵察飛行を頻繁に実施し、沖縄情報を収集している。こうした米軍飛行機が来襲するたびに空襲警報が発令され、住民は防空壕に避難する日が続いた。

３月18日、米軍の機動部隊は沖縄攻略に向けて、西カロリン諸島の前進基地・ウルシー基地を発進した。上陸軍18万3000人、支援兵を合わせて54万8000人、空母・戦艦・巡洋艦・駆逐艦・砲艦・上陸用舟艇・輸送艦など艦艇1400隻が参戦する太平洋戦争最大の陸軍・海軍・海兵隊の統合作戦である沖縄攻略作戦（アイスバーグ作戦）の幕が切って落とされたのである。

一方、米軍をむかえ撃つ沖縄には、日本軍約11万人（防衛隊、学徒隊、義勇隊含む）と住民約40万人が地下壕やガマの中でジッと息を潜めていた。

（２）沖縄戦の経過

※米軍上陸

沖縄戦は、1945年３月23日の米軍艦載機による空襲から始まった。翌24日

からは空襲と艦砲射撃が熾烈を極めた。米軍の上陸前攻撃である。米軍は26日、沖縄本島上陸に先立って、那覇の西方にある慶良間諸島の座間味島・阿嘉島に上陸した。

　第32軍は、慶良間諸島への米軍上陸を想定せず、慶良間諸島近海に接近する米軍艦船に特攻する海

読谷村にある米軍上陸の碑

上挺進隊（陸軍の特攻艇部隊）を配備していた。この特攻作戦は米軍に暴露されたため、特攻艇は次々と爆破された。海上挺進隊も自ら特攻艇を爆破し、結局特攻艇による米軍艦船への特攻はほとんど実行されなかった。米軍上陸後の慶良間諸島は軍民混在の地上戦闘が展開されるようになった。地上戦闘に転換した海上挺進隊は、戦場で追い詰められ極限状態となった住民に対して、「スパイ」嫌疑による虐殺や、「集団自決」（強制集団死）を命令・強制・誘導した。

　慶良間諸島は米軍に制圧され、その近海は米軍艦船の投錨地となった。

　4月1日夜明け前、米軍は、「戦艦10隻、巡洋艦9隻、駆逐艦23隻、そして177隻の小型砲艦がいっせいに砲口を開き」、「12センチ砲以上が5万4825発、ロケット弾が3万3000発、曲射砲弾が2万2500発」（米国国防省編、外間正四郎訳『日米最後の戦闘』）の上陸前の集中砲撃を開始し、8時30分には読谷・北谷海岸に上陸した。従軍記者アーニー・パイルは「弾も撃たれず足を濡らすこともなく」上陸したことを伝えている。

　一方、戦略持久作戦をとる第32軍は、上陸地点に戦闘経験のない飛行場関係部隊をかき集めて編成した特設第1連隊を配備していたが、八原博通高級参謀が「烏合の衆」と断言したように、この部隊は米軍に反撃する戦力はほとんどなく、あっという間に敗退した。米軍はその日のうちに6万人が上陸し、読谷飛行場・嘉手納飛行場を占領した。さらに米軍は、上陸前に本島南

部海岸で陽動作戦を展開し、第32軍を翻弄させている。

✤主力攻防戦

上陸した米軍は破竹の勢いで進軍し、早くも上陸3日目には本島東海岸に達し、沖縄本島を南北に分断した。4月8日、日米両軍の主力攻防戦として知られる嘉数高地の戦闘が始まった。嘉数(かかず)高地には第32軍が戦略持久作戦の主陣地として構築した地下洞窟やトーチカが無数に張り巡らされ、第62師団を主とした戦闘部隊が布陣されていた。こ

嘉数高地(現嘉数公園)に残る日本軍のトーチカ

の嘉数戦線では両軍一進一退の攻防戦が展開された。米軍は指揮官が交替され、1日200メートルしか進めなかった日もあったが、空・海・陸からの圧倒的攻撃を展開し、24日には嘉数高地を占領した。

第32軍は、司令部のある首里を同心円状に囲む形で複郭陣地を構築し、戦略持久戦に備えていた。島を東西に横断する丘陵地形をもつ嘉数高地、浦添(うらそえ)高地、西原高地がそれである。ここの闘いも嘉数高地同様熾烈を極め、日本兵の絶望的なバンザイ攻撃や斬り込みが展開され、白兵戦・肉弾戦の様相を呈した。まさに、米軍が言うように「ありったけの地獄をひとつにまとめた戦場」であった。

✤第32軍、南部へ撤退

地下陣地に潜んで戦略持久作戦をとる第32軍に対して、たびたび上級司令部から積極攻勢の要請が相次いだ。米軍が首里に迫ってきた5月4日、第32軍は「死中に活を求めて」、浦添・西原戦線の米軍に対して総攻撃を行った。

しかし、総攻撃は失敗し、翌5日には中止を命令した。この時点で、第32軍指揮下の第24師団は5分の3、第62師団は4分の1、独立混成第44旅団は5分の4の戦力が失われた。第32軍は、すでに戦力的には戦闘不可能な状況となっていた。

第32軍司令部壕のトーチカ（首里）

　こうした戦局において第32軍は、首里の正面・西側・東側の防衛線を構築した。いわば第32軍の最終的な防衛線である。
　首里の正面にある石嶺の弁ヶ嶽は日米両軍の激しい戦いで知られている。米軍は弁ヶ嶽を、その形からチョコレートドロップと名付けた。第32軍は唯一の戦車部隊を派遣したが、米軍の圧倒的な戦力の前に破壊され、5月20日には米軍に占領された。首里は風前の灯火となったのだ。
　首里の北西に広がるのが52高地（日本軍の陣地名称）である。米軍はこのなだらかな丘陵をシュガーローフヒル（砂糖のかたまり）と名付けた。5月12日から始まったシュガーローフヒルの戦闘も、頂上争奪が4回も変わるほどの白兵戦が展開された。第32軍は南部に配置していた第24師団（山部隊）や独立混成第44旅団第15連隊（美田部隊）、それから小禄の海軍部隊を投入したが、米軍の前に壊滅し、18日には占領された。この戦いで、米軍は2662人の死傷者、1289人の精神疲労者を出した。
　首里の南東にある運玉森。米軍はその形からコニカルヒル（円錐形の丘）と名付けた。ここでも日米両軍の激しい攻防戦が展開されたが、結局5月21日に米軍に占領された。
　こうして米軍は首里の司令部を陥落させるため、首里の正面、西側、東側の3方面から攻撃したのであった。
　ほぼ壊滅状態にあった第32軍は5月22日、首里を放棄して南部撤退を決定した。その際、牛島満司令官は「なお残存する兵力と足腰の立つ島民をもっ

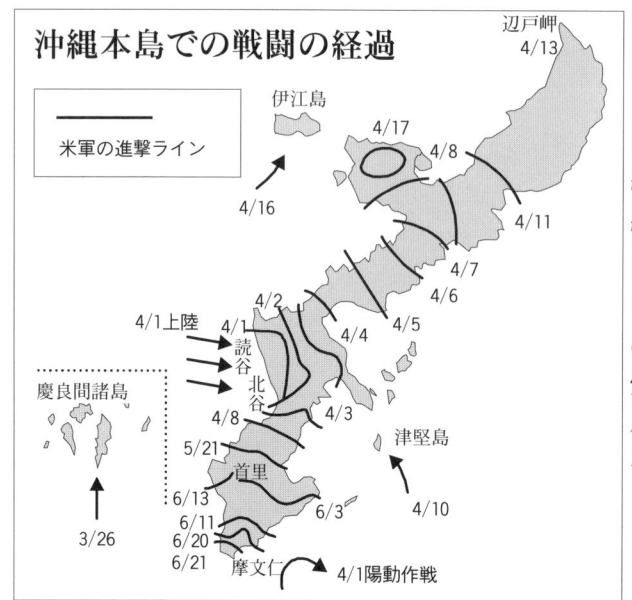

て、最後の1人まで南のはての地まで戦いを続ける」と表明、引き続き本土決戦の時間稼ぎである戦略持久作戦をとることを徹底したのだ。これがさらなる軍民混在の戦場を生み、住民の犠牲を大きくしていくことになった。

※●南部戦線

　6月4日、米軍は小禄海軍飛行場の海側から上陸し、那覇を制圧した部隊と連動しながら進撃した。小禄・豊見城には沖縄方面根拠地隊（海軍）約1万人が駐屯していたが、3分の2は防衛隊や義勇隊で構成されていた。しかも海軍であるだけに正規兵は地上戦闘の訓練経験もなく、武器も海軍兵器を地上戦用に転用したものであった。6日、大田実司令官は海軍次官宛に「県民斯くたたかえり、後世特別のご高配を」を豊見城の海軍司令部壕から打電し、13日に自決した。

　6月になると、喜屋武半島には避難した住民約10万人と日本兵約3万人が追い詰められていた。第32軍は、首里から摩文仁の洞窟に司令部を移し、残存兵力を集めて最後の抵抗をした。1人当たり52発という米軍の海・空・陸からの容赦ない砲爆撃は、「鉄の暴風」と形容されるほど激しかった。その中を住民は彷徨し、死と隣り合わせの日々が続いた。この戦線では日本兵による壕追い出し、食糧強奪、乳幼児殺害、スパイ嫌疑による処刑などの悲劇も頻繁に起こった。

　米軍は6月22日、沖縄戦の終結を宣言。翌23日（22日説もある）には摩文仁の司令部壕で牛島満司令官と長勇参謀長が自決した。牛島司令官は自決前に「爾今各部隊は各局地における生存者中の上級者之を指揮し最後迄敢闘し悠久の大儀に生くべし」の訣別電報を上級司令部に打電した。以後、第32

軍の組織的抵抗はなくなったが、局地的な戦闘は続いた。南部戦線は、米軍にとっては掃討戦であり、敗残兵狩りであった。

✤北部戦線
　北進した米軍は、4月7日に名護、13日には沖縄本島の北端の辺戸岬に達した。14日からは本部半島八重岳に布陣している独立混成第44旅団第2歩兵隊（宇土部隊）への攻撃を開始した。激しい攻防の結果、21日に本部半島は占領された。今帰仁村の運天港には海軍の第2蛟龍隊（特殊潜航艇部隊）や第27魚雷艇部隊も配備されていたが、すでに壊滅していた。以後、北部一帯は日本兵の敗残兵が横行し、住民に対する横暴な行為が頻繁に起こった。
　4月16日、米軍は伊江島上陸を開始した。伊江島には飛行場防衛を任務とする独立混成第2歩兵隊第1大隊（井川部隊）が、伊江グスク（城）を中心に強固な陣地を構築しており、急造爆雷を担いだ肉弾戦や手榴弾を持っての白兵戦が展開された。激戦地の1つである学校のある丘は「血にぬられた丘」と称されるほどであった。わずか1週間の戦闘で日本兵約3000人、住民約1500人が戦死した。伊江島では従軍記者アーニー・パイルも戦死している。

✤宮古・八重山の戦闘
　宮古島は断続的な空襲を受けたが、米軍の上陸はなかった。英艦隊による空襲や艦砲射撃による犠牲者の数より、食糧難による栄養失調死やマラリア罹患死が犠牲者の多数を占めた。住民6万人と日本兵3万人は飢餓状態に陥っていたのだ。8月25日に戦闘停止命令、翌26日には武装解除が実施され、宮古島の日本軍はほぼ無傷のまま生き残った。
　八重山も断続的な空襲を受け、3月26日からは英艦隊からの艦砲射撃と空襲が加わった。八重山の日本軍は米軍上陸必至と判断して、住民を強制避難させ（多くはマラリア有病地）、戦闘態勢をとった。結局、宮古と同様に米軍は上陸しなかった。八重山の日本軍も宮古島同様ほぼ無傷のまま生き残り、8月29日に武装解除された。八重山諸島における住民の戦死者は3825人、そのうち被弾死は178人、残りはほとんどがマラリア罹患死である。
　なお、戦後、BC級戦犯裁判で知られる米軍パイロット殺害事件も起こっ

ている。

✤収容所生活

　米軍上陸地点では、早くも4月1日に米軍の捕虜になった住民が出た。以後中部地区の住民の捕虜が相次ぐ。米軍は宜野湾村野嵩、中城村島袋などに民間人収容所を設けた。南部での捕虜が増加するに従い北部地区にも収容所が設置され、中部地区にあった収容所に収容されていた住民も続々と北部の収容所に移送された。南部にも被害が少なかった知念・玉城に収容所が建設された。一方、軍人・軍属は屋嘉・牧港・読谷の楚辺などの捕虜収容所に収容され、約2000人はハワイに移送された。

　収容所生活は戦後の始まりであった。収容所は有刺鉄線に囲まれ、住民は移動の自由がなく、米軍の配給物資で空腹を満たした。中南部で激しい戦闘中の5月7日、石川収容所では城前初等学校も開設された。

　こうして米軍は住民を収容所に囲い込むことによって、中南部の民有地を潰して、飛行場や物資集積所などの基地を建設していった。米軍基地の原形ができたのである。

✤沖縄戦の終結

　8月15日、日本は連合国に無条件降伏した。19日にはフィリピンのマニラにいるマッカーサー元帥と降伏調印の打ち合わせのため、日本の全権委員を乗せ胴体に「緑十字」のマークをつけた飛行機が、給油のため伊江島飛行場に飛来した。29日、マニラから厚木に向かう途中にマッカーサー元帥が読谷の飛行場に立ち寄っている。こうして、米軍は沖縄の日本軍の飛行場を拡張整備したり、普天間飛行場・本部飛行場などを新設して、本土爆撃や戦後処理のための往来に使用していた。ちなみに、長崎に原爆を投下したＢ29もテニアンに帰路途中、給油のため伊江島飛行場に飛来している。

　9月7日、越来村盛根（現在は嘉手納飛行場）の米軍司令部前広場で降伏調印式が行われた。署名したのは、米軍スティルウェル将軍と南西諸島の日本軍を代表して宮古の第28師団長・納見敏郎中将、奄美の独立混成第64旅団長・高田利貞少将と、同じく奄美の沖縄方面根拠地隊の加藤唯雄少将である。以

I 沖縄戦と南風原

後、日本軍の武装解除が行われ、沖縄戦は事実上終結した。
　これに先立つ９月２日には、東京湾停泊のミズーリ号艦上で日本国代表と連合国代表が、日本の降伏文書に調印した。

2　南風原が語る沖縄戦

（1）南風原に配備された部隊

✴後方部隊が配備される

　第32軍の南風原村への部隊配備は、村の位置と交通の便のよさから決定された。つまり南風原村は那覇市に隣接し、那覇を起点とした与那原線（1914年開通）と糸満線（1923年開通）の県営軽便鉄道が走る交通の要衝であり、しかも内陸部に位置していたことが配備部隊を決定したのである。
　では、南風原村とその周辺に配備された部隊を見てみよう。1944（昭和19）年９月には第２野戦築城隊第１中隊が字喜屋武に、同第３中隊も豊見城村長堂に駐屯。両部隊は字津嘉山に第32軍司令部壕の構築を開始した。壕掘り作業は南部の住民を徴用して進められ、総延長約１キロの巨大な横穴壕が完成した。
　南部撤退途中の５月27日、壕に入った八原博通高級参謀は壕の様子を次のように描写している。壕の中を進むと「さらに上がったり下ったり、さらに曲がりくねった細い坑道を進むこと数百メートル、ようやく割り当てられた１室に入る」、隣には牛島司令官や長参謀長の部屋もあった。八原の部屋は「２坪大の室、両側には寝台が２つ、中央には事務机が置いてある」、しばらくして壕内を回る。「空気の流通の悪い、狭隘な坑道の一側には、２段式の寝棚が構築され」ていた。壕内の灯りは「ロウソクと洋灯」であった（前掲書『沖縄決戦　ある高級参謀の手記』）。
　しかし第32軍は、44年の10月10日の空襲により、この壕を放棄し、首里城地下に新たな司令部壕を構築した。津嘉山の司令部壕には経理部・法務部など一部を残した。
　那覇市に壊滅的な被害を与えた10月10日の空襲で、当時那覇にあった沖縄陸軍病院も被害を受け、そのため沖縄陸軍病院は南風原国民学校に移ってき

た。学校に隣接した黄金森には病院壕が掘られ、周辺には要塞建築勤務第7中隊によって三角兵舎も建設された。要塞建築勤務第7中隊は津嘉山に木工所を設営していたのだ。

　第62師団（石部隊）の野戦病院も首里に近接した字新川の通称ナゲーラに壕を構築した。この病院壕には首里高等女学校と昭和高等女学校の女子学生が学徒隊として動員された。病院部隊とセットで配備されたのが第27防疫給水部隊であった。この部隊は伝染病の予防、衛生材料の確保、飲料水の調査・確保を任務とし、一日橋周辺に配備されていた。

　字喜屋武に駐屯していた野戦兵器廠は兵器の集積と管理を主な任務とし、兵器保管用の壕を構築した。字津嘉山に設置された野戦貨物廠は軍事物資を畑や原野に野積みしていたが、10月10日の空襲後は地下に秘匿壕を構築するようになった。この部隊には南風原から防衛隊50人が召集されている。

　こうした兵站関係部隊とセットになったのが輸送部隊である。那覇港に入港する輸送船から軍事物資を陸揚げしたのが、字津嘉山に配備された陸上勤務第72中隊であった。さらに字山川には独立自動車第259中隊が駐屯し、軍事物資の輸送を担った。この輸送部隊には、地元の人が「朝鮮人らしき男性がときどき家に唐辛子をもらいにきた」と証言するように、朝鮮人軍夫が動員されていた。

✤前線部隊も配備される

　南風原には後方部隊だけが配備されていたのではなく、場所によっては戦闘部隊も配備された。第32軍の司令部が置かれた首里に近い字宮城と字与那覇には、第32軍唯一の戦車部隊である戦車第27連隊が配備された。字宮城には戦車を秘匿する壕が掘られ、地元の女子青年が炊事婦としてかり出された。

　一方、野戦重砲第23連隊第2大隊の第5中隊が字神里に陣地を構築し、同第4中隊は隣接した旧大里村平川にも陣地を構築した。この部隊には南風原から防衛隊150人が召集され、陣地構築・弾薬運び・食糧調達の任に就いている。重砲陣地の構築には周辺集落の民家から強制的に石垣を徴発した。

　また、野戦高射砲第80大隊は字津嘉山と字神里に予備陣地を構築し、さら

に電信第36連隊第1中隊が字本部に配備された。
　このように南風原村に配備された部隊のほとんどが第32軍の直轄部隊であった。

✤列車大爆発
　1944年12月11日、字神里付近で列車が爆発した。事故現場には死体が散乱し、軍事物資が飛び散っていた。炎に包まれた貨車が事故現場から離れた津嘉山駅近くまで逆走していたことが爆発の凄まじさを物語る。爆発の原因は、無蓋（むがい）貨車に積載していたガソリンが発火し、さらに火薬に引火して爆発炎上したという。
　負傷者は将兵や民間人を含む200余名にのぼり、南風原国民学校の陸軍病院や東風平国民学校の第24師団（山部隊）の野戦病院に運ばれた。隣接した字神里にも被害が及んだ。幸いに死者はいなかったものの、民家2軒が焼失、1軒が風圧で倒壊した。事故後、すぐさま現場付近は憲兵隊らによって封鎖され、住民には箝口令（かんこうれい）が敷かれた。
　この事故は、第32軍首脳にも衝撃を与えた。長勇参謀長は「国軍創設以来始めての不祥事」であると訓示するほどであった。
　事故の背景には、第9師団（武部隊）が台湾に抽出されたため、中部に配備されていた第24師団（山部隊）を第9師団がいた南部に移駐するため、軽便鉄道を使ったことがあげられる。列車には燃料・弾薬などの軍事物資を積み、それに兵隊や軍が許可した学生や官庁職員が乗車していたのだ。

✤混在した部隊と住民
　南風原村は軍民雑居の状態と化した。南風原国民学校やすべての公民館、瓦葺（かわらぶき）の民家までもが軍の病室・宿舎・倉庫などに利用された。ちなみに軍が使用した民家は440戸（全戸数の27.7％）にのぼった。
　こうして村民の日常生活に軍靴の音が響くようになった。それどころか村内に駐屯する部隊から、陣地構築のための徴用や生徒の勤労奉仕が強要され、さらにイモやかぼちゃなどの農作物の軍への供出も相次ぐようになった。軍優先のため不自由な生活を送ることになったが、それでも役場職員や住民は

日本軍の民家利用図（字宮城）

■ 軍に使われた家

南風原（字別）村内における日本軍の民家利用の割合

字名	利用数	総戸数
与那覇	17	90
宮城	47	179
大名	19	65
新川	17	78
宮平	29	152
兼城	21	131
喜屋武	19	135
照屋	45	120
本部	16	101
津嘉山	131	366
山川	37	109
神里	42	169

軍を信頼し協力的であった。

　軍は、字津嘉山・字照屋の公民館、字山川の民間人経営の浴場を徴発して「慰安所」を開設した。「慰安所」には兵隊が列をつくり並んでいた。慰安所周辺の子供たちは使用済みコンドーム（軍の名称は「サック」「突撃一番」）で遊ぶ光景が見られた。朝鮮人女性や民間人女性が慰安婦として従事させられた。なお、隣の旧玉城村に駐屯していた独立歩兵第15大隊の「陣中日誌」には、明らかに日本軍が管理したこと分かる「後方施設に関する内規」が記されている。

✤米軍上陸前後の部隊配備

　米軍が本島に上陸した後、上陸地周辺の中部戦線から敗走した部隊が摩文仁方面に向かう途中、南風原村を通過した。第32軍は戦線を立て直すため、南部に配備されていた第24師団・独立混成第44旅団第15連隊（美田部隊）などを前線に投入した。南風原を首里方面に向かうこれらの部隊も通過していった。

　この頃、第32軍は、主力部隊の残存兵力をかき集めて機関銃部隊、高射砲部隊、砲兵部隊などの戦闘部隊を再編成し配備するようになった。また、後方部隊も特設連隊に編成して、防衛任務に就かせた。たとえば字津嘉山に駐屯していた野戦貨物廠部隊は、1945年3月24日には特編第4連隊に編成され、戦車撃滅隊、道路補修作業、知念半島の警護などの任務が与えられた。特編第49兵站地区本部も編成され、3月末から津嘉山司令部に防衛の任に着いた。

　これらの部隊も米軍が南風原に進攻する5月末には喜屋武半島に敗走する。

　一方、5月22日、南部撤退を決定した第32軍司令部の牛島満司令官・長勇参謀長らも5月27日には首里から津嘉山の司令部壕に撤退した。2日間滞在し、摩文仁の司令部壕に向かった。この間、津嘉山は厳重警戒体制が敷かれ、なかにはスパイ容疑で殺害された防衛隊員やスパイの疑いをかけられ訊問された南風原村出身の女子青年や障害者もいた。

　この厳重警戒の任を与えられたのが、陸軍病院の三角兵舎を建設した部隊の要塞建築第2中隊である。同中隊は津嘉山警備隊に編成され、牛島司令官ら第32軍首脳が首里から撤退途中に字津嘉山に寄った際の警護にあたった。

（2）沖縄戦前夜の南風原

✤本土への疎開

　1944年7月7日、政府は南西諸島の老幼婦女子を県外疎開（九州8万人、台湾2万人）させることを決定した。なかでも国民学校の児童生徒を学校単位で集団疎開させることを重視し、学校や地域をあげて疎開勧誘を進めた。

　沖縄からは67校、約6000人の児童生徒が熊本県・宮崎県・大分県に疎開した。南風原からは8月21日に第1次124人が、和浦丸に乗船し那覇港を出港した。この日の船団には、米軍潜水艦に撃沈された対馬丸(つしま)も同行していた。続いて第2次は9月9日、146人が一進丸に乗船し、鹿児島に上陸。宮崎県の4校に分散疎開した。なお、第1次は熊本県に疎開した。

　疎開児童生徒は、異郷の地で「ヤーサン（ひもじいよ）、ヒーサン（寒いよ）、シカラーサン（さびしいよ）」の生活を2年余過ごし、46年10月に沖縄に帰還した。

　一方、学童疎開とは別に老幼婦女子の一般疎開も実施された。南風原からはおよそ300人が疎開し、寺社・公民館・民家を宿舎とした。疎開地で最も苦労したのは家族の食糧確保であったという。

　疎開は国策として進められた。沖縄が戦場となることが必至となり、約10万人の兵隊が沖縄に駐屯すること（疎開計画人数と同数であり、兵隊を沖縄に輸送した船が疎開船）になったため、軍の「食糧確保」や戦場になった場合の「足手まとい」が、疎開の理由であった。

　学童疎開者、一般疎開者ともに、疎開先の人々から物心両面にわたりお世話になった。このことが戦後、疎開先との交流事業として結実している。また当時の疎開児童生徒たちが中心になって、学童疎開体験を後世に伝える目的で2009年6月、南風原文化センター正面に「南風原国民学校学童集団疎開記念碑」が建立された。

✤十・十空襲

　1944年10月10日、米軍艦載機による南西諸島全域にわたる大空襲があった。飛行場や港湾施設が主に攻撃されたが、那覇は焼夷弾(しょういだん)が落とされ灰燼(はいじん)に帰し

た。一方、那覇に隣接した南風原では、早朝、那覇の方向に飛んで行く飛行機を見て、「友軍（日本軍）の演習」と思ったという。しばらくして爆撃音が聞こえ、黒煙が見えたため、敵機であることを知った。

　南風原では、字与那覇が焼夷弾攻撃され、90％の家屋が焼失。初めて知った焼夷弾の威力はものすごく、日ごろ訓練していたバケツリレーはまったく役に立たなかったという。他の字では機銃掃射による死傷者が数人であった。

　この空襲は南風原に少なからず影響を与えた。那覇にあった沖縄陸軍病院が南風原国民学校に移動し、さらに被災にあった那覇市民が親戚を頼りに南風原に避難してきた。

❖山原への疎開

　1945年2月、沖縄県は、山林地帯で日本軍が配備されていない山原（やんばる）（北部方面）疎開を市町村に通達した。南風原村は金武村が指定された。役場の疎開担当者がいち早く金武村に行き、受け入れ体制について現地と交渉した。役場は疎開を呼びかけたが、疎開可能者が老幼婦女子に限定されたため家族離散に躊躇したり、見知らぬ土地での食糧確保に不安を感じたりして、疎開業務は難航した。それでも南風原村からは約1000人が疎開した。2月から米軍の空襲が始まる3月23日まで断続的に金武村に向かった。

　しかし、疎開者のなかには金武村に着いた途端、食糧を取りに南風原村に引き返えす人がいた。あるいは遅い時期に疎開した人は石川橋が爆破され金武村に行けなくなり、南風原村に引き返した人もいた。

　疎開した金武村では中南部のように地上戦闘に巻き込まれることはなかったものの、食糧難による栄養失調死やマラリア罹患死が少なくなかった。

（3）戦場となった南風原

❖死の十字路・死の橋

　米軍による上陸前の空襲や艦砲射撃は、南風原にも間断なく落ち、南風原での犠牲者が出るようになった。45年4月初め、南風原の北にある新川森の墓や岩陰に隠れていた兵隊・住民40人が直撃され即死、そのなかには泣きながら母親を埋葬した子どももいた。

同じ頃、字山川の民家につくってあったコンクリートの水タンクが直撃され、中に入っていた青年2人が即死、2人は大怪我するという惨事が起こった。また、字本部のウマイーの丘にあった避難壕が3回も直撃され、31人が犠牲になった。

南風原文化センターに展示されている字山川の弾痕のある壁

4月9日、役場から壕に避難している村民に、「南風原から立ち退き、玉城（たまぐすく）方面に避難しなさい」という命令が伝令担当から伝えられた。伝令を聞いた村民は夜、集団で持てるだけの荷物を持って玉城方面に向かった。南風原に残った歩けないお年寄りは少なくない。伝令による指示が伝わったのは役場に近い字や役場職員がいる字に限られていた。砲煙弾雨の中の伝令だけに徹底されなかった。

南部方面に向かう避難民が殺到した5月になると、村内のあちらこちらに死体が横たわるようになった。とくに南部に向かうための要路である南風原（兼城（かねぐすく））十字路・照屋十字路、それに一日橋・山川橋には多くの死体が散乱し、それぞれ「死の十字路」「死の橋」と呼ばれるようになった。

米軍が首里に迫った5月22日、首里に近い字宮城には、前線に向かう日本兵や敗走する日本兵が殺到し、軍民混在の戦場と化した。

その日、民権運動で知られる新垣弓太郎の妻・タガ子が日本兵に虐殺された。弓太郎は悲憤慷慨（こうがい）し、墓に「妻タガ子　日兵逆殺」を刻んだ。第32軍は4月9日、「沖縄語ヲ以テ談話シアル者ハ間諜（かんちょう）トミナシ処分ス」の命令を発し、戦場に避難している住民に対してスパイの嫌疑をかけ虐殺したのだ。

村民も南風原にいては危ないということで、東風平から糸満（いとまん）方面に避難するようになった。この避難が地獄を見ることになり、悲劇的な結末となった。すなわち、砲弾が雨霰（あめあられ）と降る中、死線をさまよい、身内の死に会い、あるいは日本兵の横暴に苦しみぬくことになったからである。

5月下旬になると、南風原には東側から運玉森を陥落させた米軍と、西側から那覇を陥落させた米軍が進攻してきた。まもなく南風原に避難していた住民や沖縄陸軍病院南風原壕の軍医・看護婦・学徒隊らの目に近づいて来る米兵が見えるようになった。日本軍の抵抗はほとんどなかった。この時点で南風原に駐屯していた部隊には南部撤退が命令されていた。
　6月になると、南風原は米軍に制圧され、南部戦線に投入する補給基地がつくられるようになった。

✤南部避難

　中村キクさんは沖縄戦の前年に師範学校女子部に希望に胸をふくらませて入学した。ところがまともな授業はなく、ほとんどが陣地構築に明け暮れた学園生活だった。学生寮も空襲で焼け、下級生は自宅待機を命じられた。
　長女のキクさん、父母、妹5人、弟2人の10人家族であった。艦砲射撃が激しくなった4月8日、玉城村前川に避難した。前川からさらに日本兵が向かっている摩文仁方面に避難。具志頭の安里で父が被弾死、母も足を負傷した。父の死を悲しむいとまもなく、真栄平に避難。真栄平は死体だらけでひどかった。新垣の岩陰に隠れていると日本兵から追い出された。しばらくして直撃弾が落ち、弟が即死、キクさんも頭を負傷した。
　母はキクさんとひとりの弟を連れて隠れ場所を探して、妹たちを迎えに出たその時、迫撃砲の攻撃にあい、腹部をやられて即死。そこに妹3人が来た。ひとりの妹は砲弾で手首を切られていた。残りの妹2人は足をやられて出血がひどく、「お母さん！　お母さん！」と叫びながら息を引き取ったという。
　母を失い、幼い弟を妹がおんぶして避難をしていたら、日本兵が近づいて来て、弟の鼻を押さえていた。弟がピクピクと身体を震わせていたが日本兵はやめなかった。しばらくすると弟はぐったりしていが、まだ息はあったという。
　新垣から摩文仁に向かった。岩陰に身を潜めていると、妹が水を飲むため立ち上がったら米兵に見つかり、藪の中に逃げた。そこでは日本兵の抵抗もあったが、全員米兵にやられていた。藪の中で捕虜になった。トラックで具志頭につれて行かれ、簡単な治療を受け、頭に包帯を巻かれた。

頭に包帯を巻いた少女・中村キクさん

　その後、収容所に連れて行かれた。虫の息だった弟は虚脱状態となり亡くなった。キクさんが頭に巻いていた包帯を外したところ、頭髪が頭皮から剥がれ落ちた。

　金城義夫さんは沖縄戦当時9歳。父母ときょうだい6人の8人家族であった（義夫さんは3男）。南風原への空襲が激化した4月、親戚4所帯で字津嘉山を後にして、大里・玉城を経て摩文仁方面に避難した。避難途中は家から持ってきた米と味噌を食べたり、よその畑から芋や野菜を盗ったりして飢えをしのいでいた。
　途中、義夫さんがガジュマルの大木で休んでいると、日本兵が来て、「俺たちが休むから、ほかの所に行け！」と言われ追い出された。その後、父親が「高台に登って、みんないっしょに死のう」と言い、みんなで高台に登ったが、偵察機はおろか砲撃もなかったので、再びガシュマルの大木のところに戻って見ると、自分たちを追い出した日本兵は全滅していた。

収容所へ向かう金城義夫さん家族

　糸満の真栄里から摩文仁には、死体をまたいで避難した。途中、長女と次女と長男が負傷する。摩文仁の洞窟に隠れていると、日本語の話せる米兵から、「戦争は終わりました。デテキナサイ！　デテキナサイ！」と携帯マイクで呼びかけられたが、嘘だと思い出なかった。そしたら米兵は威嚇発砲したので、手をあげて捕虜になった。
　8人の義夫さん家族のうち3人は負傷したものの、南部避難での犠牲者はゼロであった。こうした犠牲者ゼロはあまり例がなく、義夫さんの家族は稀有な存在である。

❖村民の戦死

　南風原村民の戦死状況については、戦争編ダイジェスト版『南風原が語る沖縄戦』から紹介する。村民の沖縄での戦死者は約3505人（人口の約44％）。ただし、15年戦争の期間で、戦死場所も県内外が記された「平和の礎」名簿では4431人が戦死している。この戦死率は県内市町村では高い方に入る。

I　沖縄戦と南風原

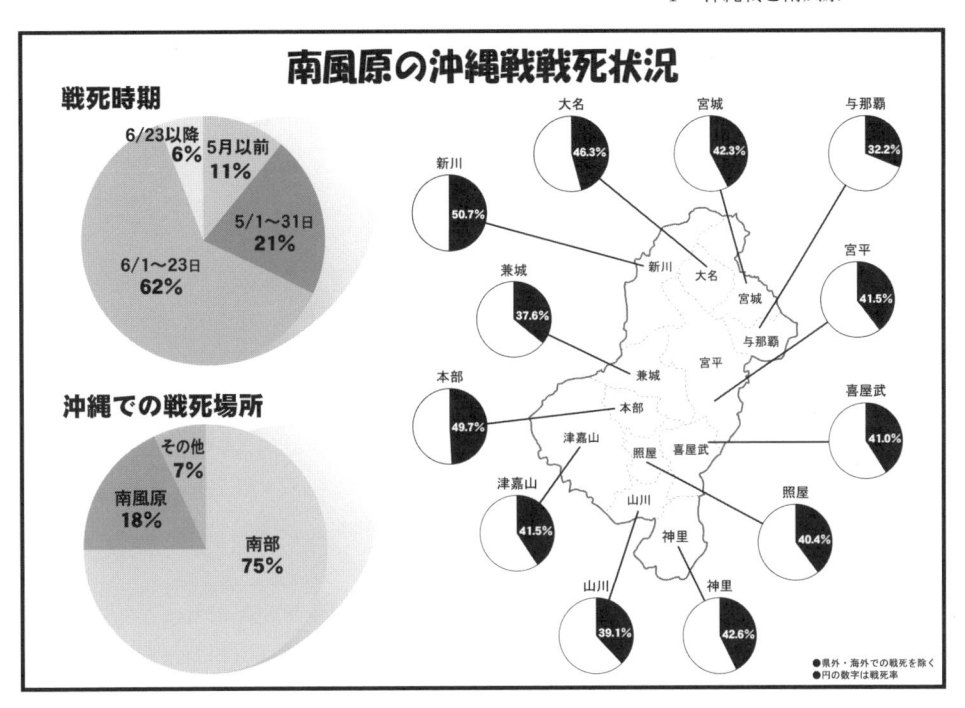

南風原の沖縄戦戦死状況

戦死時期
- 5月以前 11%
- 5/1〜31日 21%
- 6/1〜23日 62%
- 6/23以降 6%

沖縄での戦死場所
- 南部 75%
- 南風原 18%
- その他 7%

地区別戦死率：
- 新川 50.7%
- 大名 46.3%
- 宮城 42.3%
- 与那覇 32.2%
- 兼城 37.6%
- 宮平 41.5%
- 本部 49.7%
- 喜屋武 41.0%
- 津嘉山 41.5%
- 照屋 40.4%
- 山川 39.1%
- 神里 42.6%

●県外・海外での戦死を除く
●円の数字は戦死率

　ちなみに一番高いのは西原町（約47％）、次に高いのは浦添市（約45％）、この２つが高いのは、日米主力攻防戦の戦場となり住民が巻き込まれたこと、南部へ避難するまでの距離と時間がかかったことであると考えられる。

　南部では南風原とほぼ同率なのは旧豊見城村（約40％）と旧具志頭村（約43％）、南風原より高いのが旧東風平村（約52％）だけである。戦死率が高いと思われる糸満市は約37％と意外に低い。さらに島尻の東にある旧佐敷村（27％）、旧知念村（約27％）、旧玉城村（約28％）で低い。この地域は地上戦闘があまりなく、米軍が収容所を設置したことが低い要因と考えられる。

　話を南風原に戻そう。南風原村民の県内の戦死者のうち南部方面での戦死者が圧倒的に多く、全体の約75％を占める。その次は地元南風原での戦死者が約18％。戦死時期は６月１日〜23日の戦死者が最も多く全体の61％を占め、次に多いのが５月１日〜31日が21％、５月以前が11％、６月23日以後が６％と続く。このように戦死した場所が南部方面、戦死した時期が６月に集中していることは、沖縄戦での戦死者の特徴をよくあらわしている。

6月の南部戦線は、ほぼ主力を失った日本軍の絶望的な抵抗、「鉄の暴風」の中を右往左往する住民、そこに容赦なく撃ち込まれる米軍の砲弾、まさに軍民混在の戦場であり、死と隣あわせの戦場であったのだ。

✤戦後復興
　南風原村民は各地の収容所から大見武（おおみたけ）（現与那原町）に移動した。大見武では村役所や学校も設置されて、本格的な戦後生活がスタートしていた。1946年7月から3次にわたって、米軍の許可を得て生まれ字（集落）への移動が開始された。
　収容所から生まれシマ（字）に戻った村民が見た南風原は、緑も豊かなかつての面影はなく、荒涼とした土地に変貌していた。家屋も焼失し、畑も荒廃し、家畜1頭もいなかった。こうした荒廃した村に、まず先発隊が派遣され、規格住宅の建設、農作物の植え付けなどが始まった。
　戻った住民には、生きるための生活が待っていた。米軍の配給だけでは足りず、農作業や軍作業に精を出した。字内にある艦砲であけられた穴を埋め、不発弾を撤去し、散乱している遺骨を収集することも生活の一部であった。やがて本土に疎開していた学童なども続々と帰り、村には笑いと笑顔が戻るようになった。こうして生き残った村民は懸命に働き、戦後復興の礎（いしずえ）をつくった。

【本章の1「沖縄戦とはどのような戦争だったのか」（1）第32軍の沖縄配備の項は、『北中城村史第四巻戦争論述編』（北中城村役場）所収の「沖縄戦への道」の一部分を、（2）沖縄戦の経過の項は、『オキナワ　沖縄戦と米軍基地から平和を考える』（岩波書店）所収の「米軍上陸と戦闘経過」に、それぞれ加筆修正をしたものである。】

II

沖縄戦と
沖縄陸軍病院南風原壕

―――― 古賀　徳子

南風原村の戦没者4431人の名前を壁一面に刻んだ「平和の礎」南風原版（南風原文化センター）

沖縄陸軍病院の組織

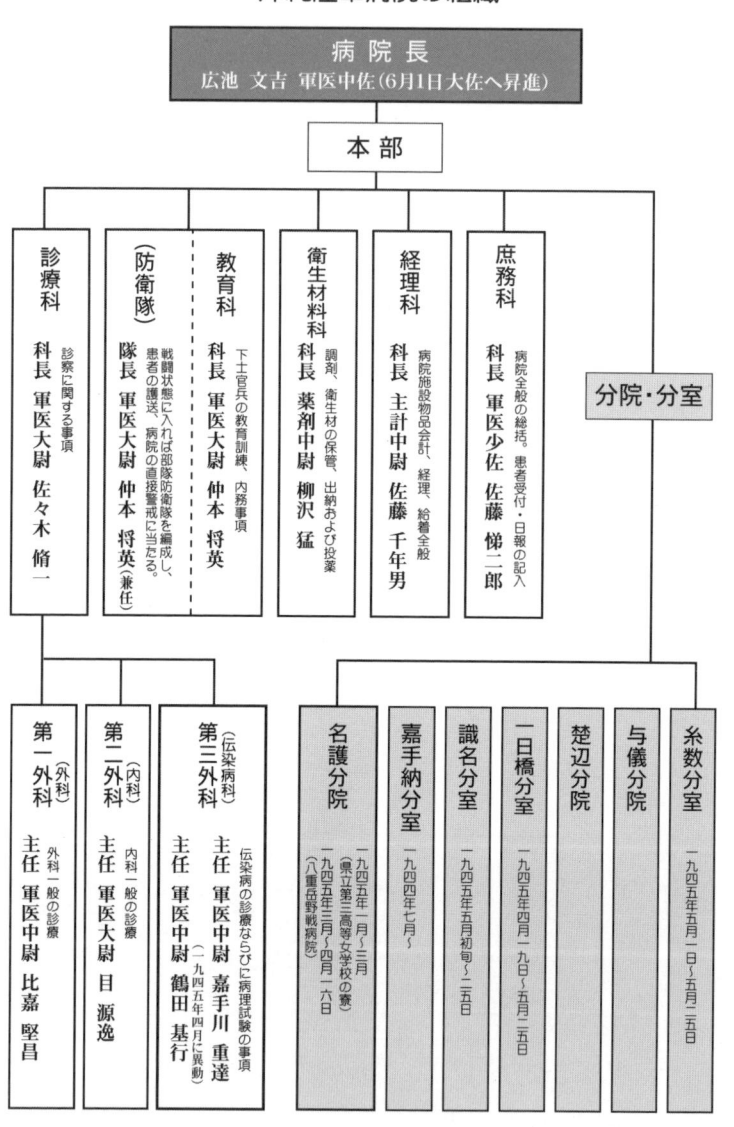

病院長
広池 文吉 軍医中佐（6月1日大佐へ昇進）

本部

診療科
- 診察に関する事項
- 科長 軍医大尉 佐々木 脩一

（防衛隊）
- 戦闘状態に入れば部隊防衛隊を編成し、患者の護送、病院の直接警戒に当たる。
- 隊長 軍医大尉 仲本 将英（兼任）

教育科
- 下士官兵の教育訓練、内務事項
- 科長 軍医大尉 仲本 将英

衛生材料科
- 調剤、衛生材の保管、出納および投薬
- 科長 薬剤中尉 柳沢 猛

経理科
- 病院施設物品会計、経理、給与全般
- 科長 主計中尉 佐藤 千年男

庶務科
- 病院全般の総括。患者受付・日報の記入
- 科長 軍医少佐 佐藤 悌二郎

分院・分室

第一（外科）
- 外科一般の診療
- 主任 軍医中尉 比嘉 堅昌

第二（内科）
- 内科一般の診療
- 主任 軍医大尉 目 源逸

第三外科（伝染病科）
- 伝染病の診療ならびに病理試験の事項
- 主任 軍医中尉 嘉手川 重達
- 主任 軍医中尉 鶴田 基行（一九四五年四月に異動）

分院・分室	期間
名護分院（八重岳野戦病院）	一九四五年一月～二月
嘉手納分室（県立第三高等女学校の寮）	一九四五年三月～四月一六日
識名分室	一九四四年七月～
一日橋分室	一九四五年五月初旬～二五日
楚辺分院	一九四五年四月一九日～五月二五日
与儀分院	一九四五年四月一九日～五月二五日
糸数分室	一九四五年五月一日～五月二五日

Ⅱ　沖縄戦と沖縄陸軍病院南風原壕

1　沖縄陸軍病院と沖縄戦

❖沖縄陸軍病院のあらまし

　沖縄陸軍病院は、第32軍直属の病院部隊（球18803部隊）として1944（昭和19）年5月に熊本陸軍病院で編成され、6月に沖縄に移動し、那覇市内で活動を始めた。しかし10月10日の米軍の空襲により、南風原国民学校に移転した。
　1945年3月下旬、米軍の艦砲射撃と空襲が始まり、陸軍病院は黄金森一帯に掘られた30あまりの壕へと分散移動した。3月23日には沖縄師範学校女子部・県立第一高等女学校生徒222人が、教師18人に引率され、看護補助要員として動員された。戦後、「ひめゆり学徒隊」と呼ばれるようになる。
　本島中部で激戦が展開されるようになった4月中旬、激増する負傷者に対応するため、外科を第一外科、内科を第二外科、伝染病科を第三外科へと改めた。さらに第32軍野戦兵器廠の壕にも第一外科の患者を収容し、急きょ糸数分室、一日橋分室、識名分室を開設した。
　5月22日、首里の第32軍司令部は本島南端の摩文仁への撤退を決定し、沖縄陸軍病院にも撤退命令を下した。壕の確保のために先発隊が出発し、5月25日頃、学徒や看護婦、軍医、衛生兵が歩ける患者を連れて出た。残務処理を命じられた残置隊が出発したのは6月1日頃だった。現在の糸満市に到着した病院本部は山城、第一外科は波平と伊原、第二外科は糸洲、第三外科は伊原の自然壕に分散して入った。
　撤退後、治療活動は停止状態となり、将校以外の軍医や衛生兵は他の前線部隊に配置替えとなった。山城の本部壕や伊原第一外科壕入口は爆撃され、伊原第三外科壕は黄燐（白燐）手榴弾で攻撃され、多数の死傷者を出した。6月中旬、広池文吉病院長が直撃弾を受けて戦死、沖縄陸軍病院は解散した。

❖開設当初の沖縄陸軍病院

　沖縄陸軍病院は、1944年6月から那覇市内に本部・内科・伝染病科を開南中学校、外科を済生会那覇診療所、兵舎を県立第二中学校に置き、管轄の部

隊や通過部隊の傷病者の治療・収容を開始した。医療用機材がまだそろっていなかったため、民間病院からレントゲン撮影機などを借りて間に合わせた。担当の衛生兵、後からは看護婦が公用の腕章を付けて県立病院、浜松病院、善興堂病院などを自転車でまわり機材を集めた。機材の不備は、陸軍病院の機材を載せた船が奄美大島沖で撃沈されたためとも言われていた。

ほかに楚辺分院、与儀分院も開設されていた。与儀分院は沖縄県養蚕試験場の官舎（現在の沖縄県知事公舎）にあり、木造瓦葺の建物3棟を使用していた。入院していたのは将校ばかりだった。

米軍が上陸する前は伝染病患者が主で、外傷患者は比較的少なかった。伝染病の中ではマラリアが目立ち、アメーバ赤痢、腸チフスの患者も多かった。

手術担当であった奥松文子（当時外科の看護婦）によると、当時、手術は盲腸炎と痔核ぐらいで、規律の厳しさをのぞけば民間の病院と変わらなかった。鹿児島陸軍病院など本土への患者後送も行われた。

✣十・十空襲で南風原へ

1944年10月10日、米艦載機（延べ1396機）は6時40分から15時45分まで5次にわたって、奄美・沖縄本島・本島周辺の島・宮古・八重山を空襲した。攻撃の主目標は飛行場と港湾施設であったが、那覇は第4次（12時40分～13時40分）、第5次（14時45分～15時45分）に焼夷弾攻撃を受け、90％の家屋が焼失した。沖縄陸軍病院は開南中学校、県立第二中学校の校舎が焼失し、衛生材料の45％、薬品の32％を失った。

入院患者を南風原国民学校に移動させることになり、患者は容体によって独歩、護送、担送に分けられ、独歩と護送の患者は1人で歩かせた。外科では26人の患者移送に、翌日の午前8時から夕方までかかった。

この空襲によって学校を失った看護学生たちは、学業半ばで卒業させられ、その多くが軍関係の病院に採用された。彼女たちは18歳前後であった。医療人の他県への疎開を許さないという国の方針により、職場を失った保健婦や看護婦も陸軍病院への転職を余儀なくされた。

また被災した若い医師たちは、軍医としての召集を予告され、県外に脱出するのを堅く禁じられ、足止めされていた。1944年11月、実戦に備えて医者

Ⅱ　沖縄戦と沖縄陸軍病院南風原壕

校舎の周りにはガジュマルが茂っていた南風原国民学校

や衛生兵の軍事訓練が２週間にわたって行われた。

　当時25歳で小児科が専門の長田紀春は、この訓練について「病人の柔肌や医療器具しか手に触れることのない医者連中が、起床ラッパに起こされて大慌てで中古の軍服を身にまとって大きな軍靴を引きずりながら整列する姿は、全くサマになっていなかったが、本人は皆懸命であった。帽子をアミダに被ったり、ボタンを掛け忘れたり、不慣れな手付きで銃を担いで行進すれば、たちまち銃を音高く地べたに落とし、その度に教官からしこたま気合いを入れられる風景が、毎日みられる日が続いていった」と『閃光の中で　沖縄陸軍病院の証言』に記している。民間の医師たちは不慣れな軍隊生活に戸惑いながら、軍病院へと動員されていったのである。

✤南風原における沖縄陸軍病院

　南風原国民学校は南風原村唯一の小学校で、校舎は木造瓦葺の平屋建てであった。正門には松並木、校舎の周りには大きなガジュマルが生い茂っていた。1944年７月からは野戦重砲兵第１連隊（球4401）が野戦重砲16門を校庭

に置くようになった。8月には熊本県に124人、9月には宮崎県に146人が学童疎開として送り出された。

　この頃から、生徒はもちろん学校関係者の立入は禁止され、授業は字の公民館や空き家、木の下での分散授業となった。しかし、国民学校5～6年生、高等科1～2年生の上級生は、毎日のように壕掘りや飛行場建設などの作業にかり出されていた。

　空襲で被災した沖縄陸軍病院は、10月10日の夜、那覇から南風原国民学校に移り、衛生材料や医療器具を運び込んだ。以降、教室は病棟や診察室、病理検査室になった。伝染病患者が多かったが、十・十空襲や陣地構築によって負傷した兵隊も少なくなかった。

　1教室に30～40人が収容されていた。治る見込みのない患者や長期患者・療養を要する患者は、本土に3回ほど後送した。

　正門の向かいにあった便所には患者の死体が並べられた。忠魂碑（現在の慰霊祈和之塔）後方の火葬場では、毎日のように死体を焼く煙が上がっていた。それは、原野の一角に石を四隅に置いたうえにトタンを敷いて、その上で死体に火をつけるという、火葬場とは名ばかりのものであった。東南の風向きになると、その煙が字兼城に流れて異様な匂いが広がっていた。

　軍医や看護婦長は字兼城や字宮平の民家に宿泊し、看護婦は字兼城の公民館に集団宿泊した。民家に宿泊した病院関係者は約200人にものぼった。

　学校の正門前には衛兵が立ち、将校を敬礼して迎えたが、看護婦や炊事係には厳しい検問があった。看護婦長が号令をかけ、人数と氏名を点呼してから入ることが許されたのである。看護婦には、大城文子や赤嶺芳子のように字兼城や字宮平出身者もいたが、実家にはほとんど帰れなかった。

　1945年2月下旬には、沖縄師範学校女子部、沖縄県第一高等女学校の生徒への看護教育が南風原国民学校で行われた。嘉陽春子『青い空遙かに』によると、看護教育の第1日目は、運動場での救急処置と担架運搬の訓練、第2日目からは実地に看護を行うための病棟勤務であった。出席した生徒は、外科、内科、伝染病科の各病棟に配置され、正規の看護婦の仕事を手伝いながら覚える、という方法であった。

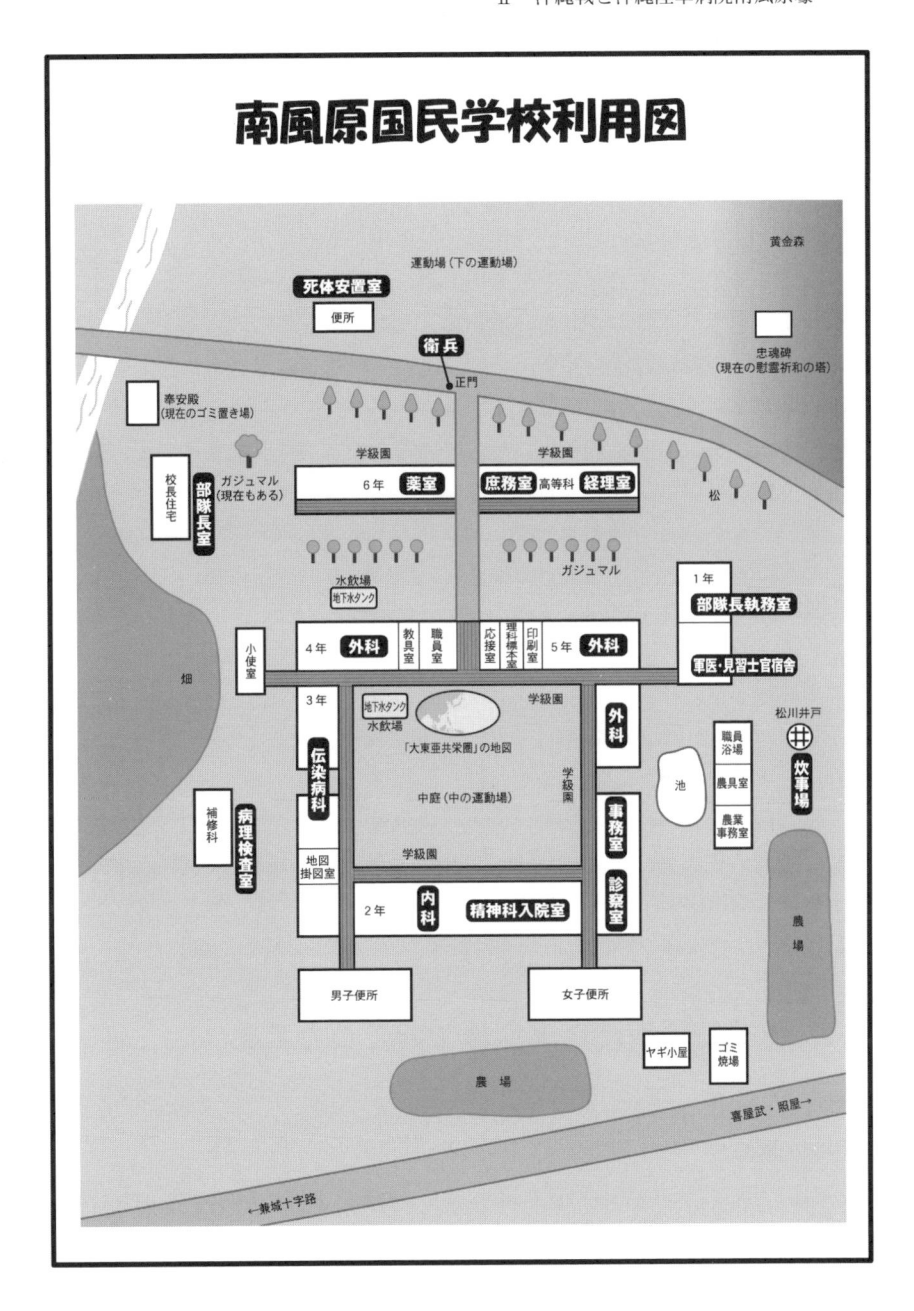

Ⅱ 沖縄戦と沖縄陸軍病院南風原壕

南風原国民学校利用図

❖炊事場

　沖縄陸軍病院の炊事係として、地元住民十数人が軍属として働いていた。はじめは南風原国民学校の松川井戸（マチガーガー）を使用していた。

　松川井戸の隣にあった事務室には、米、しょうゆ、粉みそ、こんぶ、さんぴん茶などが山と積まれていた。鍋はおかゆ用、おかず用、イモご飯用、おつゆ用の４種類で、中でもイモご飯用の鍋は大きくて５つあった。おかずは将校用で、引き出しのついた赤い重箱に入れたものを将校の当番兵が受け取りに来た。陸軍病院の軍医は全員将校で、おかゆは重症患者用に作っていた。

　患者の食事はイモご飯に野菜汁で、月に２回タクアンがつく程度の貧しいものだった。そのため、患者たちが白い患者衣のまま近所をうろつき、民家に入って食べ物をねだるありさまであった。

　住民は「私の夫も外地で戦っていて、同じ目に遭っている」「沖縄を守るために来てくれた」と、イモやゆし豆腐、黒砂糖などを与えた。しかしそれが憲兵にみつかると、患者は死ぬ寸前まで痛めつけられた。それを見た年寄りたちは、自分の息子も戦地でこんな目にあっているのかと泣いた。

　陸軍病院が壕に移ってからは、字喜屋武の内原という家の井戸を使って炊事をしていたが、艦砲射撃が激しくなり、犠牲者が多数出たため、周辺に掘った食糧倉庫壕に移ったという。

　炊事婦のほかに、洗濯場で働いた女性たちや、雑役夫として牛・馬の飼育をした地元の住民もいた。1945年３月末、米軍の爆撃が激しくなったため、陸軍病院は南風原国民学校から黄金森に構築した陸軍病院の各壕に移動した。それによって炊事婦や雑役夫の多くは解雇され、各自の壕へ避難した。

２　沖縄陸軍病院南風原壕で起こったこと

❖壕の構築

　1944年９月３日から字喜屋武に駐屯していた第２野戦築城隊（球10158）第１中隊が中心となり、米軍の上陸に備えて黄金森に横穴式壕の構築が始められた。壕掘り作業は、ツルハシ・クワなどによって人力で行われた。測量に

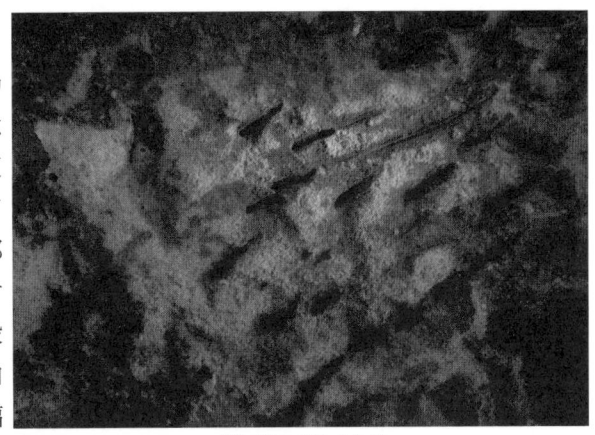

は県立工業学校生も動員された。晴れた日は大きな鏡で太陽光を反射させ手元を照らして掘った。材木は国頭郡で伐採したものを製材し、壕内の坑木や二段ベッドを組んだ。壕内の高さは180センチ、幅も180センチで、90センチおきに坑木を枠のように組み込んでいた。

壕に残るツルハシ痕

　黄金森の中央部に病院本部の壕、南側に外科（第一外科）の壕約23本、東側に内科（第二外科）の壕7本、南風原国民学校西側の丘陵に伝染病科（第三外科）の壕3本が構築された。

　1945年2月12日からは要塞建築勤務第7中隊（球2775）が三角兵舎型病棟10棟、診察室2棟や付属施設の建築作業を開始した。黄金森丘陵の西側と東側に三角兵舎が次々と建てられていったが、地主への補償などはなかった。

✤進んでいなかった壕の工事

　1945年3月23日、沖縄本島への上陸に向けた米軍の空襲が始まると、陸軍病院は各壕へと移った。3月末には南風原国民学校の校舎も焼けた。当時、壕の工事は予定の30パーセントも進んでおらず、未完成で使えない壕もあった。それに盲貫壕、つまり貫通しておらず、行き止まりの壕も多かった。いつ酸素欠乏症になってもおかしくない危険な状態であった。

　沖縄師範学校女子部・沖縄県第一高等女学校の生徒たちに割り当てられた壕も、貫通していない23号、24号であった。『ひめゆりの塔をめぐる人々の手記』によると、最初、24号の壕の中は泥がぬかるみ、足を踏み入れることもできなかった。そこで、仲宗根政善（引率教師）たちは、入口に積んであった木の柱を地面に敷き、その上に並んで休めるようにしたが、足は泥の中につっこんだままであった。夜になってから石垣実俊（引率教師）が生徒数名

今は入ることができない第一外科・24号壕

を連れて、空襲で破壊された南風原国民学校に行き、雨戸をはずして壕に持ち込み、寝床をつくった。兵舎にあったフトンも運び込まれて身動きもできないほどぎゅうぎゅうだったため、70～80人の生徒を2班に分け、第1班が横になって休む間は、第2班はひざをかかえて座る方法をとった。それでも寝るときは、串ざしの魚のように体をななめにしなければならなかった。

また、70～80人のはき出す二酸化炭素が充満すると、ろうそくの火は細くなり消えていった。ろうそくの火が消えかかると、全員総立ちになり上着やフロシキ、毛布などをふって換気が必要であった。

このように、未完成で危険な壕もあった一方、工事が進んでいた病院本部、各科の勤務者壕は比較的しっかりと作られていた。防衛隊として召集された池宮城秀意は、「私たちの壕は掘りっ放しで、隊員は枯草の上に毛布を敷いて横になったが、病院本部の壕は板で床が張られていた」と『沖縄の戦場に生きた人たち　沖縄ジャーナリストの証言』に記している。

現在、一般公開されている20号壕は第二外科の勤務者壕で、東西に貫通しており、支柱や二段ベッドも組まれていた。当時、ほかの多くの壕はこの20号壕よりも未完成で危険な状態だったのである。

✤ 各診療科の様子

■第一外科

もともと外科であった第一外科は、壕が約24ヵ所と多く、患者の人数も多かった。軍医はおろか看護婦も足りず、学徒だけが配置された壕もあった。

第一外科には手術室専用の壕があった。手術室勤務の奥松文子看護婦によると、軍医2人、衛生兵2人、看護婦、学徒が勤務していた。軍医と兵は交

沖縄陸軍病院各壕の配置図

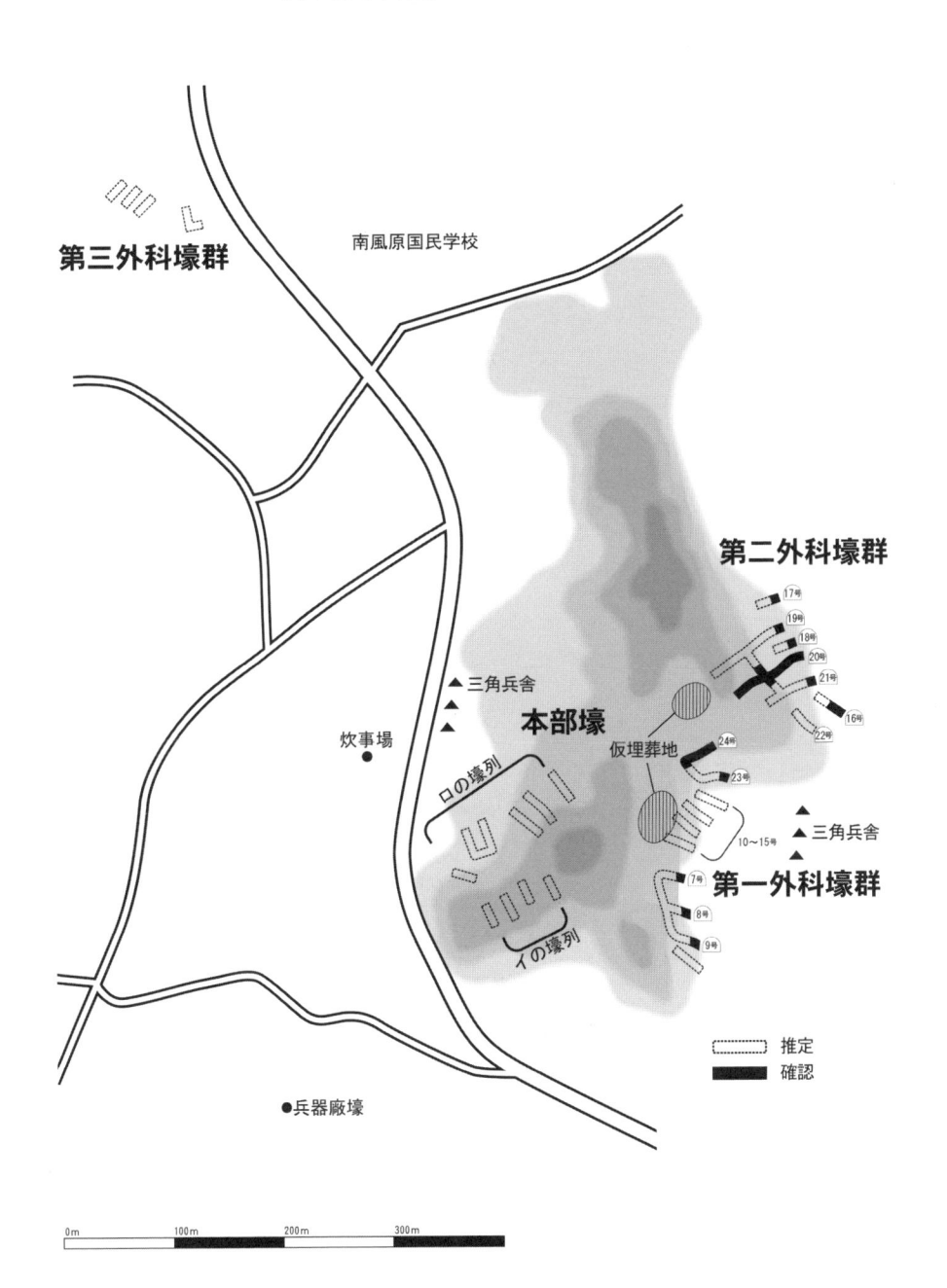

◆沖縄陸軍病院南風原壕の各壕

＊本部

名　称	壕の位置	壕に関する情報
本部壕	未確認（体験者の証言があるが、発掘調査による確認は行われていない。以下同じ）	出入口が2ヵ所ある「コ」の字型の壕。広池文吉病院長以下、病院の首脳部が入っていた。内部には調剤室もあったという。戦後、日本軍資産が隠されているとのうわさが流れたため重機で掘り返され、痕跡が全く残っていない。
受付壕	未確認	患者の受付をするための壕。

＊第一外科（元外科）

名　称	壕の位置	壕に関する情報
手術壕	未確認	長さ8～10mと短く、天井の厚みが少ない盲貫壕。軍医2人、看護婦1人、学徒3人が1チームをつくり交替で手術にあたった。
イ1号	未確認	
イ2号	未確認	
イ3号	未確認	盲貫壕で右側に二段ベッドがあった。
イ5号	未確認	5月4日に入口に砲弾が落ちて落盤し、学徒の嘉数ヤスと患者が死亡した。
ロ1号	未確認	この壕が手術壕だったという証言もあるが、確定していない。
ロ2号	未確認	4月26日入口が米軍の機銃掃射攻撃を受け、学徒が死亡。
ロ3号	未確認	40～50人余りの重症患者に看護婦1人、学徒3人が配置されていた。ロ2号と連結させる作業が続けられた。「南風原陸軍病院壕跡」碑に向かって右側30mに落盤した入口がある。
ロ5号	未確認	両側が二段ベッドになっていた。看護婦や軍医がときどき巡回してきた。5月16日砲弾が落ち、学徒の嵩原ヨシが犠牲となる。「南風原陸軍病院壕趾」碑の後ろに、落盤した入口がある。
6号		薬剤の保管や調剤をした。盲貫壕で右側二段ベッドがあった。
7号	一部確認（1987年厚生省遺骨収集）	長さ23m。7・8・9号は奥で連結していた。看護婦が常駐し、患者の病室として使用された。
8号	一部確認（1987年厚生省遺骨収集）	長さ29m。勤務者室で患者はいなかった。入口に衛生兵、奥に軍医と看護婦が詰めていた。
9号	一部確認（1987年厚生省遺骨収集）	長さ29m。患者の病室で奥は医局。第一外科の軍医が2～3人ずつ交代で待機していた。爆撃によって入口が落盤した。

Ⅱ　沖縄戦と沖縄陸軍病院南風原壕

10号	未確認	
11号	未確認	
12号	未確認	
13号	未確認	
14号	未確認	小さな壕で、約20人の患者が入院していた。5月4日に入口に直撃弾が落ち、学徒の上地貞子、看護婦、患者が多数死亡した。
15号	未確認	
23号	入口確認（発掘調査によって確認された。以下同じ。）	4月24日頃までひめゆり学徒の控室だったが、以降は病室として使用された。
24号	入口確認	長さ32m。23号と同じくひめゆり学徒の控室だったが、学徒の配置替えにより、各壕に分散して配置されてからは、患者の病室として使用された。当初は盲貫壕だったため、23号と連結させた。
兵器廠の壕	未確認	第32軍野戦兵器廠壕のうち、3本に患者を収容していた。

＊第二外科（元内科）

名　称	壕の位置	壕に関する情報
16号	一部確認	盲貫壕
17号	入口確認	第二外科の端にある盲貫壕
18号	入口確認	盲貫壕
19号	入口確認	19・20・21は中央でつながる貫通壕
20号	実測調査	長さ70mの貫通壕。勤務者の控室、手術場、病室として使用された。
21号	入口確認	東側を上の壕、西側を下の壕と呼んだ。
22号	入口確認	長さ20mの盲貫壕　当初はひめゆり学徒の控室だったが、4月24日頃から病室として使用した。

＊第三外科（元伝染病科）

名　称	壕の位置	壕に関する情報
勤務者壕	未確認	軍医・看護婦・学徒の詰め所
患者壕	未確認	勤務者壕から150m上。北側に向いていた。隣の患者壕と連結していた。
患者壕	未確認	北側に向いていた。隣の患者壕と連結していた。
患者壕	未確認	北側に向いていた。

替して勤務が行われていたが、看護婦は交替ができなくて休む暇がなかったという。前線から担架や背負われて担ぎ込まれる血だらけの負傷兵は、1日70人から100人も送られてきた。衛生材料が不足し、ガーゼも煮沸洗濯し、それを陰干しにして傷病兵の治療に使用した。

　奥松文子が一番辛かったのは両手両足がなく、スイカのようになった兵の姿を見ることであった。ある軍医は「戦傷の大きさや受傷場所の多いのを見て米軍の兵器がすぐれていることが判る」と、つぶやいていた。

　手術室勤務の学徒は、はじめは恐怖のあまり倒れる者もいた。切り落とされた手足を捨てに行くのも学徒の仕事であった。

　7、8、9号壕は奥で連結しており、奥の通路は勤務者の控室となっていて、第一外科の中心的な壕であった。

　7号壕は病棟で、通路の片側の二段ベッドに約70人の患者が収容されていた。勤務中に負傷した看護婦の大城文子や学徒の渡嘉敷良子、狩俣キヨも7号壕に入院した。

　7号壕に入院していた玉城伝造によると、壕の片側には二段ベッドがあり、床には板が張られていた。ベッドの下の段に入っていたため、上の段から小便や血がたれてくることがあった。頬を貫通した傷口にウジがわいた防衛隊員は、ウジを掃き捨てるようにして取っていたが、やがて「アンマー（お母さん）よー！」と叫んで亡くなった。専属の看護婦さんはいたが、包帯交換はたまにしかなかった。交換の時、包帯の下はウジでいっぱいであった。

　8号壕は第一外科の治療本部であり、入口に衛生兵、奥に軍医と看護婦が詰めていた。8号壕勤務の衛生兵の仲村喜英によると、この壕には患者は入っていなかったので、主な仕事は飯あげと治療済みの患者を壕に案内することだった。

　9号壕の奥は医局になっており、第一外科の軍医が2、3人ずつ交替で待機していた。5月中旬、壕の真上に直撃弾を受けて入口が落盤した後は、奥の方に数名の患者を収容するだけとなった。

　9号壕勤務の看護婦照屋とみによると、この壕はコの字型になっていて、奥の医局に診療主任の比嘉軍医、福島軍医、山崎軍医、大隅軍医、児玉軍医、平良進歯科嘱託医が、2、3人ずつ交代で待機し、学徒も4、5人配置され

ていた。蒸し暑い壕の中は悪臭が入り混じり、いつの間にか鼻も麻痺した。毎日のように死亡していく患者は、最期に「お母さん、お父さん」「お元気でお先に行きます」「ごめんなさい。さようなら」などと言っていた。

照屋とみ看護婦は学徒と一緒に爆撃の音が静かになるのを待って、死体埋葬に行くのが日課だった。ある日、患者のガーゼ交換中に、大きな爆発音と爆風がして入口が埋もれ、意識を失った。いつのまにか8号壕の入口に運ばれ、上原キミ婦長の看病で、ほかの学徒4人とともに助かった。

ロ5号壕で上官の世話係をしていた衛生兵の宮城正喜によると、ロ5号壕は両側がベッドになっていて、入口付近には天井板が張られていた。床板はなく、いつも地面が湿ってジャカジャカしていた。中には患者がいっぱいいたが、この壕専属の軍医や看護婦はおらず、ときどき巡回して来ていた。ある日、「歩哨に行け！」という本部の命令で、小銃を持って山の上のタコ壺壕に入っていたら、米軍の機銃掃射を受け、命からがら逃げた時もあった。

負傷兵が増加した頃、兵器を管理する第32野戦兵器廠部隊の一部が移動したため、その壕を病棟として使用するようになった。看護婦だった安里君子は、勤務交代を命じられ、看護婦、学徒10人でこの壕に向かった。兵器廠の壕は第一外科壕から500メートルほど離れた丘（現在の翔南小学校）にあった。安里たちが到着したとき、壕の中は足を踏み入れるところもないほど、たくさんの重傷者と死体が一緒に寝ている状態だった。彼女たちはまず死体の埋葬を行ったが、腐敗して衣服がはちきれるほど膨れ上がった死体は、担架に移すことさえ難しかった。

■第二外科

第二外科の壕は約7カ所で、19、20、21号壕は連結していた。もともと内科であったため、はじめは手術を行っていなかった。負傷兵が増加し、第二外科でも手術が必要となると、第一外科の高山守見習士官が配置換えになり、手術を担当した。第二外科の武村初子看護婦によると、手術場は20号壕の十字路に寝台式の手術台を置いて行われた。破傷風やガス壊疽を防ぐための患部の切断手術が多かった。手術を待つ患者が壕の入り口まで並んでいた。負傷兵のケガはひどく、腹から腸がはみ出した者、臀部がごっそりえぐりとら

れた者、人相がわからなくなるほど顔に重傷を負った者などがいた。手術が終わると各壕へ運ばれていった。

　4月下旬、看護婦1人と学徒2人からなる治療班が2班つくられ、16、17、18号などの壕を巡回するようになった。ところが、それだけの人数では到底手が回らず、それぞれの壕へ行く間隔は2日、3日とのびていった。

　師範学校女子部・予科2年の新崎元子によると、受付が終わるまで負傷兵は壕の外で待たされた。その間にも、艦砲はパラパラ飛んできて非常に危険であった。師範学校女子部・本科2年の当間久子は、傷口にわいたウジを取ってあげた患者が、ガス壊疽による脳障害で錯乱し、「水くれ」と裸で走り回り、故郷の話を言い続けながら亡くなるのを目の当たりにした。

　4月下旬、看護婦1人と学徒2人からなる治療班が2班つくられ、勤務者壕と離れた壕を巡回した。師範学校女子部・本科2年の伊波園子は、16号壕で「もう何日になるか。包帯もくされたよ。僕たちの苦しみを分かっているのか。手榴弾でも投げようか」と患者に怒鳴られた。初めは3日に1回だった治療が、次第に5日に1回、6日に1回と延びたためであった。24時間交代でも全部は回れず、36時間連続の勤務になることもあった。1日1個のおにぎりを食べる時間がなく、腐らせてしまうほどの忙しさだった。

■第三外科

　看護婦の安谷屋ヨシ子は、第三外科では長田紀春軍医見習士官と衛生兵の新垣班長とが、患者の手術や治療のために命がけで壕から壕へと移り歩いていたと『閃光の中で　沖縄陸軍病院の証言』に記している。衛生材料の不足のため、患者への包帯交換も2日、3日、5日とだんだん延びていき、患者の傷口にウジが繁殖した。壕の中はむせるような臭気と、痛みに苦しむ負傷兵たちのうめき声で、地獄絵図であった。

　患者は重傷者が多く、病状が悪化し意識障害になる人も少なくなかった。患者が大声を出して暴れ出したり、うなされて「お母さん、お母さん」と叫び出したりすることもあった。また、二段ベッドの上の段を重症患者、下の段を軽症患者に割り当てていたため、上の患者の尿が下に流れ落ちて、下の患者が大騒ぎすることもあった。

第三外科に配置された学徒たちは、包帯交換、飯あげ、水くみ、患者の大小便の処理から傷口の手当、死体の埋葬まで、過酷な勤務に耐えていた。

✤飯あげとオニギリ
　それぞれの壕から字喜屋武の炊事場まで食事を受け取りに行く飯あげの作業は、危険を伴うものであった。炊事場そのものが攻撃を受け、1度に多くの被害を受けたこともあった。
　宮良ルリ『私のひめゆり戦記』によると、飯あげに行くときは、2人で樽をかつぎ、弾の飛びかう中を炊事場まで死にものぐるいで走った。炊事場に到着すると、「第三外科、飯あげに来ました」と告げ、小さな壕に隠れて待った。米軍の偵察機が飛んでくると、見つからないようにかまどの火を消し、炊事班の軍属や兵隊も身を隠した。「第三外科、飯あげ完了！」と言われてようやく、ご飯の入った樽を2人でかつぎ、爆弾の飛び交う中を走って戻った。壕につくと、すぐにオニギリを作って配った。最初のころはテニスボールほどの大きさがあったが、だんだんと小さくなり、最後はピンポン玉の大きさのおにぎりを1個ずつ配るだけになってしまった。
　『閃光の中で』では、衛生兵の佐久田正雄が3月下旬、炊事場へ飯あげに行ったとき、突然直撃弾が爆発し、多くの兵隊や軍属が吹き飛ばされ、死んだ。佐久田は右胸部の肋骨2本と右手の掌を骨折し、第一外科に運ばれた。

✤青酸カリを患者に配布
　1945年5月25日、首里の第32軍司令部からの命令により、陸軍病院が糸満方面に移動を始めた。その際、自分で歩けない患者は置き去りにされた。そこで残された患者に配布されたのが青酸カリであった。このことは、青酸カリが入ったミルク（練乳を水で薄めたもの）を飲まされ、殺されそうになった患者の証言、青酸カリを配るよう命じられた衛生兵、軍医見習士官の証言で裏付けられている。
　南部への撤退を前に、陸軍病院は用意していた青酸カリを診療科各科に渡し、重症患者への配布を命じた。
　ところが、命令を受けた軍医や衛生兵の中には、密かに命令に背いた者が

いた。患者の命を救うために働いてきた者が、患者の殺害を命じられる。こうした矛盾や同じ人間の命を奪うことへの抵抗感が、絶対服従であるべき命令に背く行為を実行させたのであった。

　しかし、歩ける患者や看護婦、学徒が壕を出た後、陸軍病院は、軍医・衛生兵で編成した残置隊に壕をまわらせ、残された患者に青酸カリを飲ませたのである。命令されたが自分は青酸カリを捨てたという証言がある一方、それと同じ壕で青酸カリが配られるのを見たという証言が出るのは、このためと考えられる。つまり、あるグループが命令に背いて青酸カリを配らなかった後、別のグループがその壕に行って命令を忠実に守って青酸カリを飲ませたわけである。

　■第一外科での配布
　第一外科で青酸カリを配った日として、撤退の５月25日、およびその３～５日後という証言がある。
　『閃光の中で』によると、第一外科看護婦の大城文子は４月15日に負傷し、第一外科の勤務者壕である７号壕に入院していた。５月25日、南部への転進の命令が出て、担送（担架で運ぶ）や護送（つきそいが必要）患者には青酸カリが配布された。彼女の枕元にも、白い粒の青酸カリが入った薬袋が置かれたが、傷はギブスがはずせるまでに回復していたため、数人の患者とともに上原婦長に守られて壕を脱出した。その薬は救急かばんの底に入れておいた。
　同じく『閃光の中で』では、第一外科衛生兵の佐久田正雄は、３月下旬に炊事場で負傷し、第一外科の壕に入院していた。
　５月下旬のある日、背の高い軍医中尉が壕に来て、「これから病院は南部へ移動することになったが、独歩患者しか連れて行けない。担送患者も護送患者もそのまま残ってもらわねばならなくなった。それでこの薬を飲んで名誉の戦死をした方がよいか、捕虜になった方がよいか、よく自分で決めるように」と言った。ミルクのようなものが入った湯飲みが患者に配られた。湯飲みを投げ捨てる者もいたが、どうしても自力の脱出は無理だと思った人は飲んでいる様子であった。
　佐久田は担送患者に分類されていたが、苦痛をこらえて何とか歩けたので、

Ⅱ　沖縄戦と沖縄陸軍病院南風原壕

生きることだけを考え、壕を出た。手作りの杖にすがって夜通したった1人で歩きつづけ、仲本軍医のいる壕にたどりついた。

壕に残ると死ぬことになると、上原婦長に知らされて壕を脱出したという患者の証言もある。

7号壕に患者として入院していた玉城伝造は、5月24日朝、看護婦から「敵が目前に迫っている。歩ける者は夕方南部へ撤退して！　歩けない者は軍の車が迎えに来るから待っていなさい」と伝えられた。彼と仲本という患者は、歩けない状態だったため残ると決めていた。

ところが、ある看護婦が上原婦長からの缶詰と握り飯、伝言を届けた。伝言は、「車で運ぶということはウソだから必ず壕から出なさい、残ることは犬死になる」という内容であった。

そこで彼は壕を出ることを決心した。杖をついて這うように壕を出た。しばらく行くと照明弾が上がり、弾の雨だったので、怖くなってまた壕に戻ろうとした。そのとき、壕で世話になった北海道出身の兵隊に止められ、2人で身を潜めていたら、軍のトラックが与那原方面から来た。頼んでも乗せてもらえなかったので、無理やりつかまって8人ぐらい乗った。

しかしこのトラックは、決してして歩けない重症患者を運ぶために南風原の沖縄陸軍病院壕に来たわけではなかった。彼が伊原に避難していた時、同級生である看護兵に偶然出会った。彼は「これから陸軍病院に注射しに行く」と言っていた。

『ひめゆりと生きて　仲宗根政善日記』では、学徒の渡嘉敷良子は5月4日に重傷を負い、7号壕に入院していた。撤退のとき、学徒たちが彼女を連れて行こうとしたが重傷の痛みで運べず、壕に残された。3日目の晩、衛生兵が乾麺包（乾パン）とミルクと青酸カリを枕元に置いて立ち去った。それが自決せよという意味であることはわかったが、青酸カリを飲んでもだえ苦しむ姿を見て、自分はそんな苦しい目にはあいたくないと思った。そこで彼女は壕の外に這い出し、虫の歩みのような遅さで何十時間もかけて倒れかけた民家の軒下にたどりついた。亡霊のように傷つきうなだれて柱にもたれているところを米軍に救出され、宜野座病院に収容されたが、衰弱が激しく9月に亡くなった。

第一外科の衛生兵だった仲村喜英は、5月25日に歩行可能な独歩患者や看護婦、学徒が移動した際、残留隊として壕に残るよう命じられた。撤退したのは5月30日で、この日、上官から青酸カリの入った薬ビンを渡されたが、怖くなって捨てた。命令ではあったが、命令を出した人は見ていないし、報告も必要ないと思っていた。薬はだれにも与えなかったと『閃光の中で　沖縄陸軍病院の証言』で述べている。

　前田高地で負傷し、第一外科のある壕に入院していた岡襄は、ミルクに青酸カリが入っていることなど知らなかった。5月25日に陸軍病院が撤退してから3日間、水も食料も与えられなかった。ただ、後から車で迎えに来ると聞いていた。

　5月28日、衛生兵が来てミルクを配り始めた。壕の入り口からミルクが配られると、その辺りで大きな声が聞こえたので、喜んで騒いでいると思った。やっと一番奥のベッドに寝ていた岡のところにミルクが配られた。なめてみると非常に苦かったので、ナゲーラ壕で看護婦がくれた黒砂糖を飯ごうの縁で削ってミルクに混ぜて飲んだ。まだ苦かったが、隣にいた北海道出身の兵隊と2人で「もうこれくらいでいいやろ」と一気に飲み干した。すると、目がグヮーッとちらついてきて、息苦しくて、胃の中が煮えくりかえる感じがした。「毒や」と気づき、水筒の水を飲み、指を突っ込んで吐いた。2、3回繰り返した。北海道の兵隊にも吐かせた。ほかの患者は一気飲みしたのか、はじめは苦しんでいたようだが、もうシーンと静かになっていた。

　「殺される」と思った瞬間、不思議なことに、それまで動けなかった体で立っていた。走り出した途端、後ろから「コラー、誰だ、逃げるのはーっ」と怒鳴られ、ピストルの音が何発も聞こえた。壕は真っ暗なので弾が当たらず、逃げることができたが、北海道の兵隊は、山川橋の200〜300メートル手前まで行ったところで、艦砲射撃に吹っ飛ばされてしまった。

■第二外科での配布
　沖縄陸軍病院が撤退した5月25日の夕方、学徒の津波古ヒサは、島尻（しまじり）（南部）に撤退すると知らされた。治療班の学徒4人は、薬品や書類が入った木箱を運ぶよう指示され、準備をした。雨が降っている上に、弾が激しく、な

かなか壕を出られなかった。出ようとしたとき、外に米兵の姿を発見して友だちと２人で取り残されてしまった。そこへ衛生兵２、３人と将校２人が20号壕に入ってきた。見たことのない顔で、第二外科勤務ではなかった。

彼らはそこらの空き缶を集めて木箱の上に並べ、練乳缶を開けて水を足し始めた。津波古ヒサが「お手伝いしましょうか」と近づくと、将校は「まだいたのか。今頃こんな所にいたら、たたっ斬るぞ。敵はそこまで来ているんだ。何しているか」と軍刀を抜いて怒鳴った。彼女は壕の入り口に後ずさった。すると衛生兵は、背を向けてミルクを調合し、両手に４、５個ずつ持って、壕の奥や横の壕に入って行った。

壕内はシーンとしていたが、しばらくすると急に、興奮した叫び声が聞こえてきた。「これが人間か」「お前たちのやることは」と、わめいていた両足切断の患者は、２人の兵隊にひきずられて、奥の方へ連れて行かれた。足手まといになる重傷患者は青酸カリ入りのミルクで処置するのだと兵隊が話していたのを思い出し、それを見た自分たちも殺されるに違いないと、友だちの手を引っぱるようにして、壕を飛び出した。

『青い空遥かに』によると、学徒の嘉陽春子は、撤退後に滞在した照屋家の庭先で、衛生兵の神村班長が目（さがん）大尉に報告する場に居合わせた。「最後だからと、特別ミルクを濃くして患者に配った。２杯、３杯とたて続けに飲む者もいた。しかし、どうしても口にしない者もいた。首里から運ばれてきた女軍属は、娘の写真を涙の目で喰い入るように見ていたが、やがて震える手で飲んでしまった」と詳しい報告であった。

第二外科の衛生兵で、青酸カリを患者に飲ませるよう命じられた今崎末廣は、命令に背いて青酸カリを捨て、上官には飲ませたと嘘の報告を行ったと、『閃光の中で』に書いている。

５月27日頃、衛生兵３人、伍長１人、矢本主計見習士官（しゅけい）の計５人を残して、沖縄陸軍病院は撤退した。それから３日目の夜に今崎は矢本見習士官から、負傷者全員に青酸カリを飲ませる、ミルクに溶かして飲ませ毒殺せよ、とミルクと青酸カリを渡された。

しかし今崎は、私にはそんなことはできない、お前たちの気持ちはどうかと、ほかの２人の衛生兵に相談した。軍隊では、上官の命令はその内容を問

わず天皇の命令と思えと教えられており、命令不服従として処罰されるかもしれず、2人は考えこんでいたが、彼の言うとおりにすると答えた。

そこで今崎は、その時は自分が全責任をとると言い、青酸カリの入ったビン3本を取り上げて地中に埋めた。壕の見回りにも行かない矢本見習士官と伍長が、青酸カリを飲ませたかどうか確かめに行くわけがないと考えていたのである。彼らは各壕をまわって乾パンと水を配った後、上官のいる壕に行き、3人で嘘の報告をした。

■第三外科での配布

第三外科では、当時、軍医見習士官の長田紀春、入院患者の千田繁治、看護婦の大嶺茂子の証言により、青酸カリの配布は実行されなかったことがわかっている。

長田紀春は5月22日の朝、病院長のいる本部壕へ命令受領に行った新垣班長から、撤退命令を聞き、青酸カリの入った袋を見せられた。重症患者に飲ませるようにとのことであった。班長に「どうしますか」と問われた長田紀春は言葉を失ったが、突然胸の中に、県立病院で診ていた患者のたくさんの顔が浮かんできたという。その老人や婦人や子どもたちは黙ったまま、彼の言葉を待っていた。「そうだ。軍医も医師なら兵隊も人間なのだ。医師がどうして患者を殺すことができようか」と心の中でそう呟くと、彼は「飲ますな、捨てろ。土の中に埋めた方がいい。責任は俺が取るから」と言った。すると班長は低い声で、「わかりました」と一言答えた。

長田は残っている非常食の乾麺包を全員に配るようにと衛生兵に命令した。歩ける患者は南部に下がって所属部隊を探すように説得したが、歩くことのできない患者には後で輸送隊が迎えにくるとしか言えなかった。

第三外科に入院していた千田繁治は、破傷風とガス壊疽の重症患者だったが、幸い赤嶺芳子看護婦のおかげで治療薬を注射してもらうことができた。しかし、立って歩くことはできなかった。その壕には40〜50人が収容されていたが、病院の撤退で歩ける患者は全員出て行った。どうしても歩けない患者が5人取り残された。ところが、彼らが寝ているときに「注射で殺しにくるらしいぞ」という声が聞こえ、「俺たちは殺されるぞ」と驚いた。3人が

Ⅱ　沖縄戦と沖縄陸軍病院南風原壕

這って壕から脱出した。道まで出てふり返ると、自分がいた壕が米軍の火炎放射器で焼かれていた。千田は道に転がったまま夜になるのを待ち、這ったまま南へと向かい、12キロ離れた米須で米軍に捕えられた。

　第三外科の看護婦長の具志八重は、伊原第三外科壕に着いてすぐに患者のカルテの「病床日誌」を取りに戻るよう命じられた。具志八重ら5人が南風原に引き返したときには、第三外科の勤務者壕は爆破され、えぐられた穴は大雨で大きな沼になっていた。

　看護婦の大嶺茂子も一緒に引き返す途中で、「それまで寝返りもできなかった重症の患者が自力で後方まで撤退していくのが多く見受けられ、人間って土壇場になるとどんなことでもできるものだと思った」と驚いている。南風原に戻った時、第三外科の壕内には「入院していた患者の姿はなくほっとした」という。この時点で、勤務者壕は爆破され、千田繁治ら重症患者も壕にいなかったことになる。

　7月末、捕虜となった長田紀春は、屋嘉収容所で突然ある兵隊に呼び止められた。それは南風原の第三外科壕に残した30人近い患者の中の1人だった。壕から両手だけで這い出したところを米軍に救出されたと話していた。ほかにも3人が米軍に収容され、元気になっているとのことであった。

3　壕の「記憶」──20号壕

✤沖縄戦当時の20号壕

　沖縄陸軍病院の20号壕は、2007年6月に一般公開された壕である。東西に貫通し、北側の19号や南側の21号とつながっていた。

　当初、診療科は外科、内科、伝染病科に分かれていたが、戦闘による負傷者の増加により、外科を第一外科、内科を第二外科、伝染病科を第三外科に編成替えした。20号壕は、この第二外科の中心的な壕として、事務室、勤務者室、患者の病棟、手術室として1945年3月下旬から5月下旬の2カ月間使用された。

　関係者の証言と考古学的調査の報告をもとに、当時の中の様子を描写して

いきたい。西口から東口に向って壕を進むように見てみよう。

人の出入りは主に西側（現在の入口）から行われた。西口の外側には爆風よけの盛り土や掩蓋（えんがい）の柱穴、便所の跡とみられる遺構があった。実際に、入口付近に軍医用の便所が設置されていた。

壕の中に足を踏み入れると、大小便や膿のにおい、体臭など、むせかえるような異臭が鼻をついた。師範学校女子部・本科2年の伊波園子は「腹の底からわきあがる吐き気をおさえるのに気が遠くなるほどでした」という。

第二外科の中心的な20号壕

入口の近くには事務机2脚が置かれ、そこで師範学校女子部・本科1年の大城淑子、仲村渠郁枝（なかんだかり）、4月半ばから第一高等女学校4年の嘉陽春子が事務係として働いていた。

そこから十字路の手前の左側壁沿いには、軍医・看護婦・雑使看護婦6人、雑使婦用の二段ベッドが設けられていた。その先には薬品置き場があった。

十字路の左側が19号壕、右側が21号壕への通路である。19号壕は将校患者の病棟で、それぞれ付き添いの部下（当番兵）がいて、世話係をしていた。

21号壕への通路は、教師の与那嶺松助、内田文彦に引率され第二外科に配置された生徒41人の控え室であった。薬剤が入った木箱の上に雨戸を敷いて半分の20人が寝るスペースをつくっていた。しかし、体調を崩して休む生徒もおり、勤務についた生徒が戻っても入る余地がなく、土壁にもたれて寝ることが多かった。

20号壕の通路は4月中旬から手術室になった。第二外科の軍医は内科専門であったため、第一外科から高山守軍医見習士官が異動になり、一手に手術を行うことになった。

昼間は米軍の絶え間ない爆撃で震動があるため、手術は夜間、連続して行われた。手術の助手は看護婦と生徒で、熱いろうそくを素手に持ち高山軍医の手元を照らす係、患者の手足を押さえる係、手術器具を手渡す係がいた。患者のケガはひどく、腸がお腹からはみ出した患者、臀部がごそっとえぐりとられた患者、人相の見分けのつかないほど顔がやられた患者などがいた。手術を待つ患者が壕の入り口まで並んでいた。
　手術は破傷風やガス壊疽を防ぐための患部切断が多かったが、麻酔はエーテルをかがせるような効果の弱いものであった。手術の途中で、患者が痛みに暴れ出すと、高山軍医が「ここは戦場だぞ、そんな弱音でどうする」と叱り飛ばした。患者の悲鳴と高山軍医の怒声が壕中に響き続けた。
　十字路から東口までの右側壁沿いには幅約90センチの棚が２段あり、入院患者のベッドとして使われた。伊波園子『ひめゆりの沖縄戦』によると、病室には、肩から指先まで石膏で巻かれている人、気管をやられて絶えずピーピーとのどを鳴らしている人、胸部を貫通されて、呼吸したり話したりするたびに背中の傷穴からジュージューと泡の出る人、脳症を起こしてわめきちらす人、破傷風熱でうんうんなっている人など、あふれるほどの患者が横たわっていた。
　二段ベッドとは反対側の壁に、小さな穴が掘られている。これは、嘉陽春子によると、「衛生兵の小畑班長が、20号壕の中間くらいの壕壁に人間ひとり入れる穴を掘って、空襲の激しい時はその穴の中に閉じ籠もっていた」という。
　一番奥の入口は、初めのころは人が出入りできる大きさではなかったという証言があるが、発掘調査の結果、後から通り抜けできる大きさに拡張した可能性が高くなっている。

✲20号壕の勤務者と患者たち
■ひめゆり学徒の仕事
　20号と21号の間に控え室があったひめゆり学徒たちの仕事は、井戸からの水汲み、飯あげ、負傷者や死体の担架運び、患者の治療、そのほか壕内の雑用、ときには歌を歌って患者を励ますなど、さまざまであった。
　飯あげは特に危険な仕事で、砲爆撃のやむ時間に壕を出ても、炊事場で順

20号壕の内部図

東口

病室

N

手術室

天井に刻まれた文字

←19号壕へ

21号壕へ→

勤務者室

ひめゆり学徒の休憩所

焼け残った坑木

10m

0m

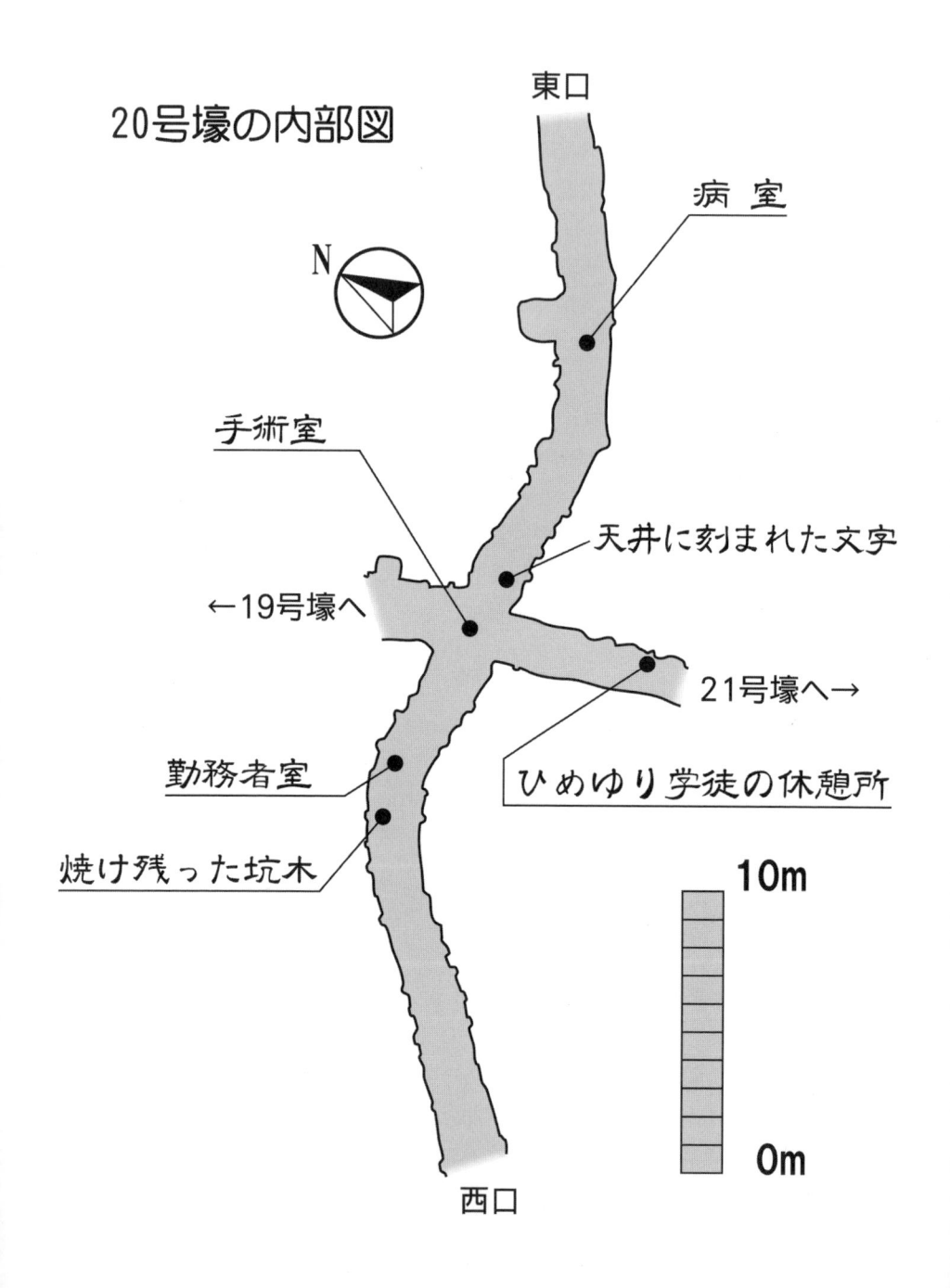

西口

Ⅱ　沖縄戦と沖縄陸軍病院南風原壕

番を待つ間や樽を担いで戻る途中、攻撃されることがあった。黄金森(くがにむい)の頂上付近から第二外科への下りの坂道が特に危なかった。ようやく20号壕にたどりつくと、入り口付近でオニギリをにぎって配った。

　4月下旬、看護婦2人と生徒4人からなる治療班が編成された。さらに看護婦1人と生徒2人ずつの2組に分かれ、20号壕から離れた16号、17号などの壕を巡回して24時間交替で治療を行った。壕から壕への移動は命がけであった。

■看護婦の仕事
　第二外科の看護婦は、桐原ツイ婦長、真玉橋ノブ婦長のほか20人余りであった。真玉橋ノブは4月に自ら志願して陸軍病院看護婦になったが、もともと第一高等女学校の衛生婦（現在の養護教諭）の仕事のほか、教授嘱託として生徒への救急法指導に当たっていた。第二外科に配置された生徒にとって、真玉橋婦長は第一高等女学校の先輩であり、先生でもある心強い存在だった。
　『閃光の中で』で、津波古ヒサはこんな経験を語っている。ある日、津波古たち生徒4人が死体の片づけを命じられた。それは、弾の多く落ちる午後3時頃だった。死体を担架に乗せたものの、誰が先になるかが決まらない。ついには、今日は死ぬかもしれないと、おびえながら担架を持ち上げた。そのときである。真玉橋婦長が「下におろしなさい」と命じ、さっとその死体を抱きかかえて1人で壕の外に運んでいった。何事もなかったかのように戻ってきた婦長に、生徒が「すみません」と頭を下げると、小さな声で「4人が怪我したらどうする」と言い、戻っていった。
　真玉橋婦長だけでなく、生徒が軍医にしかられると取りなしたり励ましたりする看護婦、生徒の手助けに来てくれる看護婦もいた。
　熊本出身の桐原婦長以外、看護婦は全員沖縄出身であった。中には、看護学校を繰り上げ卒業したばかりで、18歳前後の安里ユキ、勝間ヒロ、野原良子、武村初子もいた。しかし、顔面が削られた患者や全身を焼かれた患者など、直視できないほどの傷口を冷静にてきぱきと処置する看護婦の姿を見て、生徒たちは自分よりもかなり年上のように思っていた。
　器材を取りに第一外科に行った安里ユキ看護婦が、艦砲の破片で即死したのは4月15日のことだった。井戸へ水汲みに行って負傷する看護婦も出た。

ある日、20号壕の東側に砲弾が落ちた。「ガスだー」との叫び声を聞き、看護婦たちが助けに飛び込んでいった。すると壕から出てきた看護婦が口々に、「頭が痛い」「頭がクラクラする」と異常を訴えたのである。1人は特に重症で、意識障害に陥った後、死亡した。

　学徒として第二外科に勤務していた津波古ヒサは、この時、壕で亡くなった30～40人の患者の死体埋葬にかり出された。死体からはガスの臭いがぷんぷんしていて、運ぶ途中で気分が悪くなったという。米軍は壕に隠れた日本兵を煙と熱でいぶり出すために黄燐（白燐）弾を使用した。つまり、敵の殺傷を目的とする、いわゆる「毒ガス」ではなかったが、それでも壕のような閉じた空間では、有害な煙が目や鼻への刺激、ひどい咳、頭痛、呼吸困難などを引き起こし、多数を死傷させたのである。

■軍医たち

　第二外科の診療主任は目（さがん）源逸軍医大尉で、川崎元一中尉、高橋清中尉、宮城普吉中尉、仲本将吉見習士官、古謝将厚見習士官、平川智見習士官などの軍医がいた。内科的な治療は目軍医が行ったが、戦傷の処置や切断等の手術は、第一外科からきた高山守見習士官が担当するようになった。

　宮崎出身の高山守見習士官はもともと整形外科医で、第一外科の手術室で勤務している間に、重傷を負った看護婦の腕を切断せずに救ったこともあった。気が荒かったが、1日に2、3人、多い時は4、5人もの手術に献身していた。

　目軍医は温和な人柄で、学徒が壕を出入りする時は声をかけたりして送り出していた。衛生兵や看護婦をたたくようなこともなかった。陸軍病院の規則で民間人を入れることは禁じられていたが、爆撃の中、看護婦や学徒をたずねてきた家族を、目軍医の独断で受け入れた。

■衛生兵たち

　軍隊で教育訓練を受け、陸軍病院や部隊で医療に関する任務を負うのが衛生兵である。各部隊に所属する衛生兵は負傷兵の応急処置などを行うが、第二外科の衛生兵の仕事は、死体埋葬用の穴掘りや運搬が主であった。

鹿児島や大分出身の衛生兵が毎日のように出入りして、嘉陽春子ら生徒に戦況を知らせたりしていたが、「アメリカ兵は、捕虜を虐待するそうだ。ことに女は嬲（なぶ）り者にしてから殺すらしい」と恐怖心をかきたてることも平気で話した。

20号壕の天井に刻まれた「姜」の文字

■患者たち

病室は20号壕の東側約40メートルの部分であった。二段ベッドには50〜60人もの患者がすきまなく寝かされていた。入口の近くには気管を切開した大きな患者が裸で寝かされていて、のどから息がもれてピューピューと異様な音がしていたという。生徒や看護婦は、火炎放射器で全身火傷を負った患者、破傷風で苦しむ患者、脳を負傷したために壕内をふらつき、わめきちらす患者などがいたのを覚えている。

自分では用も足せない、水を飲むことや食事もできない患者たちは、ひっきりなしに生徒を呼んだ。空腹や痛みの怒りをぶつける者もいた。

十字路近くの天井には、「姜（カン）」と読める３つの文字が刻まれている。そのすぐ下のベッドにベン上等兵と呼ばれる朝鮮出身の兵隊が入院していた。彼は気管支を負傷したのか、胸に５円玉のような穴の空いた器具を差し込まれ、そこから息をしていた。

なぜ朝鮮の人がこの壕にいたのだろうか。当時、沖縄にいた朝鮮の人たちには、①徴兵か志願で日本陸軍に入隊した軍人、②強制や就労詐欺（さぎ）によって連れてこられた軍夫や日本軍「慰安婦」、③沖縄に定住していた民間の人がいた。沖縄陸軍病院に入院していたのは、①の陸軍の兵隊と考えられる。

1910年に日本は朝鮮（現在の韓国と北朝鮮）を併合し、1945年までの35年間、植民地として支配した。その間、朝鮮の人々による抗日・独立運動は投獄や

拷問によって弾圧された。日中戦争（1937年）が始まると、朝鮮は中国大陸への兵站基地（前線部隊へ軍需品を補給・輸送する基地）にされ、100万人以上の朝鮮の人たちが軍需工場や戦場に動員された。

　日本は朝鮮に徴兵制度を実施するため、志願兵制度の制定、神社参拝の強制、日本語の普及、創氏改名など、徹底した皇民化教育を行い、「日本人以上の日本人」になることを課した。それは朝鮮人に銃を持たせることに対する不安、不信感の裏返しであった。

焼け残った壕を支える坑木（柱）

　"平和の礎"には「姜」という名前の人が12名刻まれているが、この「ベン上等兵」と関係するかは不明である。
　隣の19号壕に勤務していた照屋信子（師範学校女子部・本科1年）は、サンコンと呼ばれる朝鮮の青年が「同じ日本の軍人として働きに来ているのに。日本人と同じ天皇の赤子なのに、朝鮮人だと差別を受ける」と嘆いていたのを覚えている。サンコンの頼みで、照屋信子は近くの畑でネギを探し、食べさせてあげた。しかし、やがて彼は亡くなった。

✤焼き尽くされた20号壕

　1945年5月25日、沖縄陸軍病院は南部への移動を開始した。自力で外に出られる患者は杖をつき、あるいは泥の中を這いずりながら壕を出て行った。看護婦や学徒たちは患者に手を貸しながら、あるいは衛生材料などの入った重い荷物を運びながら20号壕を離れた。このとき、20号壕においても重症患者に青酸カリ入りのミルクが配られている。
　それからまもなく、20号壕は米軍による火炎放射攻撃によって炎に包まれた。二段ベッドや柱はすべて燃やされて炭となり、土壁まで黒く焼き尽くされたのである。

南部に撤退した第二外科の軍医、看護婦、衛生兵、学徒は、字糸洲(現糸満市)の壕に落ち着いた。患者を入れる場所がないため、病院としての活動は停止し、爆撃がやむ間に食料探しや水汲みを行う毎日であったが、その間にも艦砲の破片による犠牲者が出ていた。6月18日には、とうとう糸洲第二外科壕が米兵に発見され、入口を銃撃されるなどの馬乗り攻撃にあったため、眞軍医は第二外科を解散した。暗闇にまぎれて糸洲第二外科壕を脱出した看護婦や学徒たちは散り散りになり、戦場を逃げまどった。

【参考・引用文献】
・南風原陸軍病院壕保存・活用調査研究委員会編『南風原陸軍病院壕―保存・活用についての答申書』南風原町教育委員会、1996年
・古賀徳子「沖縄陸軍病院における青酸カリ配布の実態」『季刊戦争責任研究』第49号(2005年秋季号)
・長田紀春・具志八重編『閃光の中で 沖縄陸軍病院の証言』ニライ社、1992年
・財団法人沖縄県女師・一高女ひめゆり同窓会編『ひめゆり平和祈念資料館 公式ガイドブック』旧版(1989年)、新版(2004年)
・ひめゆり平和祈念資料館『ひめゆり学徒隊(ひめゆり平和祈念資料館 資料集三)』2004年
・青春を語る会編『沖縄戦の全女子学徒隊…次世代に遺すもの それは平和』有限会社フォレスト、2006年
・嘉陽春子『青い空遙かに』自費出版、1996年
・宮城喜久子『ひめゆりの少女』高文研、1995年
・宮良ルリ『私のひめゆり戦記』ニライ社、初版1986年
・伊波園子『ひめゆりの沖縄戦』岩波書店、1992年
・池宮城秀意『沖縄の戦場に生きた人たち 沖縄ジャーナリストの証言』サイマル出版会、旧版(1970年)、新版(1982年)
・林立夏「沖縄陸軍病院壕について～体験談から考察する」『南風原文化センター紀要第10号 南風の杜』2004年
・歴史教育者協議会編『ちゃんと知りたい! 日本の戦争ハンドブック』青木書店、2006年

✯──コラム 「南風原陸軍病院壕趾」碑

沖縄戦から8年後の1953年、映画「ひめゆりの塔」が記録的な大ブームとなった。この年、南風原村は黄金森に「南風原陸軍病院壕趾」の慰霊碑を建立した。日本各地から訪れる遺族に、沖縄陸軍病院の跡地をわかりやすく知らせる必要があると考えたためである。この碑には、「重傷患者二千余名自決之地」の言葉が刻まれた。この地で起こった悲惨なできごとを伝えようとしたのだ。

ところが、その後、沖縄戦の研究や沖縄陸軍病院の調査が進む中で、この言葉のもつ問題が指摘されるようになった。1つは、患者、勤務者、学徒合わせておよそ2000人がいたといわれる沖縄陸軍病院の南風原壕で、「二千余名」つまり全員の「自決」はあり得ないということである。もう1つは、実際には青酸カリによる毒殺が行われたにも関わらず、「自決」という言葉によって患者が自ら死を選んだように見えることである。

南風原町は、碑の近くに解説板を設置するとともに、20号壕の公開や南風原文化センターの展示などによって、沖縄陸軍病院で起こったことを具体的に伝えるよう努めている。

(古賀徳子)

III

「記録し、伝える」取り組み

―――吉浜　忍〈1、2節〉
　　　大城和喜〈3節〉

> ✦――コラム
>
> ### 「カツーユー」
>
> 　喜屋武の野原広正さんは、現在の翔南小学校近くで被弾し、首に大けがをしたので、陸軍病院に担ぎこまれて入院した。それで弟の広平さんは、毎日、陸軍病院壕にカツーユー（鰹節のだし汁で病気や体調が悪い時に出される当時は美味で贅沢な一品）の差し入れに通った。広正さんは、壕の奥の方にいた。
> 　ある日、広平さんがカツーユーをヤカンに入れて壕に入ると、いきなり寝台から手が伸びて、そのカツーユーを奪い取られ、傷病兵がゴクゴク一気に飲んでしまった。広平さんは、とっさの出来事になす術を知らなかった。上官らしい兵隊が、そのヤカンを取り返し、傷病兵をしかりつけたが、後のまつりだった。
> 　それからというもの、広平さんは、慎重にカツーユーをしっかりと抱いて、差し入れすることになったという。
>
> 　　　　　　　　　　　　　　　　　　　　　　　　　（大城和喜）

1　高校生の学園祭展示

✤沖縄戦をテーマにした展示計画の提案
　1983年4月に高校教師だった吉浜は、県立南風原高校に赴任した。この年、南風原高校は3年に1度の学園祭が予定されていた。もうすぐ夏休みに入ろうとしたある日、吉浜は担任クラスである1年6組のリーダー数名と学園祭についての話し合いをもった。そこで吉浜は生徒に、「学園祭でクラス展示をしよう。最優秀賞とるのはまちがいないよ」とけしかけた。生徒たちは「何のテーマですか」と質問したが、その時は教えなかった。
　夏休みに入ると、再びリーダーたちを集め、「沖縄戦をテーマにしたい」と切り出すと、すぐに「暗いよ」「固いなあ」という返事が返った。「6・23の新聞コンクールで最優秀賞をとったではないか」(南風原高校生徒会主催で6月23日「慰霊の日」の取り組みとして全校新聞コンクールを企画)「やればできる！　先生がついているじゃないか！」とおだてると、「クラスが賛成してくれるかなあ」との返答があったので、「反対の声が出ないような事前の取り組みと雰囲気をつくれば大丈夫だよ」と念を押した。
　それからリーダーたちと展示構想案つくりを開始した。その際、「非公然」の活動をすることを徹底させた。この隠密行動は、クラスの他の生徒が「あの連中、先生と何やらコチャコチャしている」と思わせることがねらいであった。この「何やら」を少しずつ公表し、少しずつ賛同者と参加者を増やしていくことにしたのだ。
　本来、こうした展示テーマを決めるには、クラスで企画委員会を組織し、企画委員会でつくった案をクラス総会に提案するのが民主的なやり方ではあるが、あえて非民主的なやり方で、しかも「危険な賭け」という方法をとった。クラス総会でクラス委員長がいきなり「展示テーマ」を呼びかけても、生徒からは「趣味店」「お化け屋敷」「映画ポスター展」「ライブハウス」などくらいしか出ないのが当時の高校生であった。

❖クラス展示構想の決定

　展示構想案が出来上がり、企画委員会に提案された。企画委員会で練られた基本構想とクラス全員の役割分担がクラス総会に提案され、決定した。

　9月24、25日に展示イメージを具体的につくるためのクラス合宿を実施した。10月に入ると、男子は慰霊の塔の調査、玉城村(たまぐすく)（現在の南城市）の後ヤージガマ・シチナクブ、南風原町のナゲーラ壕の調査、「重傷患者二千名自決の地　南風原陸軍病院趾」の石碑づくりや二段ベッドづくりを始めた。

　一方女子は南風原町役場の協力を得て、役場に保管している「戦没者名簿」を閲覧し、字別・男女別・年齢別・戦死日別・戦死場所別の統計分析調査を開始した。調査した女子の1人は「4000という数字（南風原町出身のおよその戦死者）は口で言うと簡単だが、いざ統計をとることでその数の多さや戦争の愚かさを実感した」と語った。

❖学園祭当日

　11月12日、学園祭当日。展示会場の教室は大勢の参加者で盛況を呈していた。会場に入ると、薄暗い。目が慣れてくると負傷兵が横たわる二段ベッドが見える。壕の臨場感を演出している。薄暗い空間を抜けると、正面に男子が収集した戦争遺品と「南風原陸軍病院壕趾」の碑を展示し、戦争の惨たらしさを語る。すぐ横のガラス窓から津嘉山(つかざん)軍司令部壕を臨む工夫が施され、地域の戦場を見せる。中央付近には調査の成果である南風原町の所在戦跡や戦場での事件・事故など立体模型で表現し、壁には南風原町出身者の戦死者の統計分析の成果をグラフ・図表で展示している。立体模型の横には女子が文献や聞き取り調査をもとに調理した戦時中の食べ物を展示した。教室の壁を利用した沖縄戦のスライド上映も演出された。出口には「ひめゆりの塔」の碑が立ち、戦争の愚かさを伝えた。会場では説明役の生徒の熱い説明が響く。自分たちで調べ、考え、展示しただけに、説明はなめらかだった。

　参加者のアンケートでは、「学園祭というと、自分たちだけ楽しめばいいという風潮の中で、自分の足で調べた展示は大変すばらしい」「資料をよく調べ、現場調査をするなど事実に基づく展示はたいへんすばらしい」「展示演出、とくに病院壕はすごくリアルでした」「平和の尊さと戦争の悲惨さをアピールし

たすばらしい展示だったと思う」という評価をいただいた。

この展示は思わぬ反響を呼び、南風原町の沖縄戦戦災実態調査事業として結実していった。この年（1983年）、南風原町は高校生や地元の青年が調査員として参加する字別悉皆調査、すなわち字別に戦前あったすべての家の沖縄戦体験を調査する事業をスタートさせた。

2 沖縄戦の「記憶」を「記録」──若者の戦災実態調査

✤字別沖縄戦戦災実態調査

南風原町の戦災実態調査は、これまで特定地域の沖縄戦実態調査で成果をあげている沖縄国際大学・石原昌家ゼミの手法に学んだ。調査の主眼は、点（体験者）と面（地域空間）を立体的に調査し、地域の沖縄戦を浮かびあがらせることだった。そのためには1軒1軒訪ねる調査カードが必要であった。

調査カードは大きく分けて、話者の体験記入欄とインフォーマント（情報提供者）の家族構成の記入欄の2つで構成されている。

インフォーマントの体験には、避難コースを記す地図が付けられている。インフォーマントの家族の欄には、戦前の家族構成（名前、年齢、性別、軍人・防衛隊・学徒隊・学生・生徒など・戦死ならば戦死日と戦死地）、家の軍利用や徴用・供出の有無、残っているもの（石垣・樹木・写真や手紙や遺品など）を記入する。

それに戦前あった家を1軒1軒回るには屋号の入った地図が必要となる。沖縄では同一集落（字）には同姓同名が多いことと、戦前の人は屋号を冠して名前を言うことが一般的であり、したがってこの屋号の入った地図は欠かせない。

次に取り組んだのは調査員の確保である。調査員は原則として調査対象字出身者とし、しかも戦後世代に限定した。調査対象字出身が調査員になることは地元のお年寄りと顔見知りであるという利点と、ある程度地域を知っていることがその理由である。戦後世代といっても、できるだけ高校生や青年を調査員に望んだ。この調査は地域の沖縄戦を地域の若者が受け継ぐことをもうひとつの目的にしているからである。したがって調査対象の字が変われば調

査員も代わることになる。この点が学生ゼミ活動で取り組む石原ゼミと違う。

町の広報誌に調査員の募集を掲載させ、区長や文化センター職員から調査員該当者の情報を集める。こうして集めた調査員で調査委員会をつくり、調査の目的と日程、それに沖縄戦を少しだけ学習し、調査に入る。

若者による聞き取り調査

✻炎天下での全戸悉皆調査

調査は夏休み期間の8月に行うことが多かった。炎天下の夏、屋号地図と調査カードを手にした調査員が、戦前あった家を1軒1軒回る。調査は2、3人1組で回る。アポなしの言わばゲリラ的な調査であった。

アポイントメントをとるため予め電話を入れると、大体が「私はあまり知らない。誰と誰が沖縄戦をよく知っているから、その人を訪ねなさい」と断る。「あなたの個人体験を聞く調査です」と言っても受け付けないことが多い。おそらく、これまでの民俗・伝統行事などの調査を聞いているため、字の有識者を意識して断っているのだろう。

そこでアポなしの調査になった。したがって調査対象のインフォーマントが家に不在の場合も多く、1日に何十軒も訪ね回る場合もあった。調査対象のインフォーマントが家にいる場合、アポなしの不安を払拭するのに、調査員が地元出身であることが幸いした。お互いに顔見知りであることがインフォーマントの表情を和らげ、調査をスムーズにさせた。

調査員が本格的な調査に入る前に、言わば予行演習のつもりで調査員の家や親戚を調査することを勧めた。体験者がスムーズに話せる環境（質問のタイミングや体験の引き出しなど）をつくることに慣れさせるためであった。調査員全員がこうした聞き取り調査は初めてであるだけに、経験の積み重ねが必要となる。

調査終了後、調査した家の屋号を塗りつぶす。元いた屋敷から引越したならば、引越し先を訪ねる。老人ホームを訪ねたこともある。一家全滅した家や動向が不明な家は、親戚や隣近所から調査する。こうして１軒１軒、戦前あったすべての家を調査するのが悉皆(しっかい)調査だ。

✻学習を重ねながらの調査

調査には学習が不可欠である。「防衛隊」「徴用」「供出」と言っても分かる調査員は少ない。そこで、調査カードは調査責任者である吉浜がチェックし、調査が不十分であったり、間違いがあれば再調査をさせた。その時が絶好の学習の場となる。

たとえば、20代の男子青年が山原(やんばる)疎開したと調査員が記入したことについては、山原疎開が原則として老幼婦女子に限定されているのに、青年男子が疎開できたのはおかしいと指摘。再調査をさせたところ、この青年男子が身障者であることを聞き出した。こうして調査し学習する、学習し調査することを繰り返すことで、調査の精度が高くなり、調査カードが隙間なく埋まってくる。

また調査員を悩ましたのが、方言を聞き取れない、話せないことであった。体験者は沖縄戦で一番苦しい場面や身内が亡くなった場面では、方言を使うことが多い。調査員が方言を分からなかったら、すなわち言葉を共有できなかったら、体験者の貴重な証言を記録することはできない。したがって調査中、調査員の方言学習も行うことも少なくなかった。

１日の調査は、多くて３軒が限界であった。戦争体験という重たい話を聞き、記録することは正直疲れる。体験者に向き合い、辛い時間を共有するのは気分が重くなる。涙して語る体験者も少なくない。それでも心を冷静にして記録することに努めなければならない。

✻14年かけて全12字を調査、報告書を作成

1983年、最初の調査字として喜屋武(きゃん)を選定した。その理由は２つある。１つ目は調査に参加する字喜屋武出身の高校生が多かったこと。２つ目は字喜屋武が陸軍病院に隣接した集落であり、住民側から病院の様子が証言できると期待したからである。初めての調査は試行錯誤の連続であった。

１つの字で、調査に６カ月、報告書作成に６カ月の１年間を原則にした。ただ最も所帯数・人口の多い字津嘉山は、２年間かけた。報告書を刊行すると、調査した字の家に無料配布し、報告集会や展示会を開いた。報告書には字では誰でも知っている家や人の沖縄戦体験が載っているだけに、よく読まれていた。なかには報告書をもとに、初めて孫たちに体験談を話したお年寄もいた。報告書は好評を博し、地域に定着していった。

作成された全12字の報告書

　結局、全12字の調査は1983年〜1996年までかかり、高校生・青年・婦人など調査員として参加した者は、述べ130人にのぼった。その成果として12の字の報告書を1984年から96年にかけてまとめた。

　これらの報告書は、1996年、沖縄タイムス社が「沖縄における出版文化の向上と出版活動の振興を図る」目的で、すぐれた出版物を表彰する沖縄タイムス出版文化賞特別賞を受賞した。

✼戦災調査の意義

　南風原町は村民の沖縄戦「記憶」を14年間かけて記録した。その結果、南風原の沖縄戦の実相が明らかになった。調査によって、一人ひとりに違う体験があるように、家族や字にも同じ体験がないこと、沖縄戦は字によって異なる体験があること、すなわち沖縄戦の多様な様相が明らかになった。これまでの沖縄戦記録は自らの体験を文章にした証言が主であった。調査は聞き取りを中心に進めた。体験者の話を録音し、テープを起こして文章化する。この方法だと、体験を書けない人でも沖縄戦の「記憶」が記録される。名もない庶民の沖縄戦体験が記録されることになるのだ。

　この調査は戦争を知らない世代が沖縄戦を継承する有効的な方法として注

目された。専門家でないいわば素人の若者が、調査、学び、そして調査を繰り返し行い、地域の沖縄戦を知る。調査員は異口同音に、「体験者の表情や言葉にずっしりとした重み」を感じ、「教科書で学べない沖縄戦」を知り、このことを「財産」にして「次世代に伝えたい」と語った。身近な沖縄戦を自らが主体的に調査することによって、戦争認識を高めていった。

調査員は、「涙ぐみながら話すお婆さんや、戦争で失った指をさすりながら話すお爺さんなどを見て、多数の犠牲者や負傷者を出した、あの忌まわしい戦争を2度と起こしてはならないと誓った」(高校生)、「生の証言は、文字で見るよりはるかにリアルで、時には悲しみの涙を誘った。彼らの言葉や表情の1つひとつにずっしりとした重みがあった。私ははじめて戦争の恐ろしさが身に沁みて分かった気がした」(高校生)と感想を述べる。

体験者の証言は重い。重さ故に受けとめた若者の感情は揺さぶられる。教科書や本では学べない沖縄戦を知る貴重な体験となった。沖縄戦を語り継ぐには体験者と向き合うことが大切である。

昨今の若者の沖縄戦認識は、沖縄戦イコール糸満市摩文仁、沖縄戦の悲惨さの象徴イコール「ひめゆり学徒隊」として捉える傾向がある。こうした認識では、沖縄戦を「対岸の火事」「他人事」と思ってしまう。このことを打破するには地域の沖縄戦の掘り起こしが有効である。実際、調査に参加した若者は、地域に住むお年寄りに過酷な沖縄戦を感じ、かつ今まで何げなく見ていた集落の風景に沖縄戦を見たりして、沖縄戦を身近に感じるようになる。

さらにこの調査は、次世代が沖縄戦を継承することにもつながる。調査員は、「調査でえた沖縄戦の知識を生かし、これからも戦争について学んでいき、次の世代へと伝えていく努力をしていきたいと思う」(大学生)、また「これを機会に私も沖縄戦に目を向け、興味を示し、何か大きな財産を得たような気がします。この財産を1人で所有するのでなく、戦争を知らない時代に生まれた私たちみんなが共有できるためにも、私たちが進んで、次の世代に伝えていくパイプ役にならなければと感じています」(大学生)と述べ、さらに「この調査を憎しみの材料とせず、皆が幸せに過ごせる未来をつくるための参考書にしていきたいです」(女子青年)と感想を述べる。調査でえたものを「財産」にして、みんなと「共有」するためにも、「次世代に伝えたい」と決意する。

Ⅲ 「記録し、伝える」取り組み

❖戦争遺跡の記録

　14年間の調査中、亡くなる体験者は少なくなかった。このことは沖縄戦継承に危機感を与えた。すなわち人の命には限界があり、したがって人から体験を聞くことは時間との競争になること、近い将来沖縄戦体験者が確実にいなくなることを実感した。

　こうした現実に直面する中、調査カードの調査項目に戦争遺跡（壕・屋敷・樹木・遺品などのモノ）を加え、ヒトだけでなくモノも記録することにした。とくに沖縄陸軍病院南風原壕の聞き取りと現地調査には力点を置いた。こうした成果の1つとして刊行したのが『南風原陸軍病院』であった。これらの取り組みを通して、モノを通して戦争を語ることが、これからの沖縄戦学習の課題であることを強く認識した。

　沖縄戦の戦没者の遺骨収集は現在も続いている。収容所から生まれ故郷に帰ると、まず身内の遺骨を収集することから始め、やがて畑や山野に散乱した遺骨を収集し、慰霊の塔を建立した。当初の遺骨収集は個人や集落単位で行っていた。

　1972年の復帰前からは当時の厚生省による遺骨収集も始まり、1985年には陸軍病院壕の遺骨収集が行われた。その遺骨収集の現場を見て、あまりの大雑把さに正直驚いた。ブルドーザーやパワーショベルで壕口を空け、スコップやヘラなどで土を掻き分けて遺骨を探す。発見した遺骨は一旦外に安置し、後に国立戦没者墓苑に収める。もちろん遺留品や遺品も収集する。遺骨の収集が終わると、壕口を塞いで埋め戻す。そこには記録の発想はない。こうした遺骨収集の方法に疑問をもち、記録することの重要性を改めて感じた。

　戦災実態調査で先に調査した字は、陸軍病院に隣接した喜屋武、兼城、宮平であった。その理由は、これまで陸軍病院については「ひめゆり」学徒隊側からの情報しかなく、肝心の地域との関わりが曖昧だったために、地域住民の側から見た陸軍病院の実像を解明するためであった。

❖調査の成果を展示に

　字別沖縄戦戦災実態調査が進行中の1989年、旧南風原文化センターが開館

した。常設展示室には、これまでの調査の成果を取り入れた「南風原の沖縄戦」を展示した。「南風原の沖縄戦」の入り口には沖縄陸軍病院南風原壕を再現し、暗闇を歩くことで「戦争は、人間を闇の世界に追い込む。一寸先は闇、しかも死と隣り合わせの世界」(展示ストーリー)を表現した。

展示準備には陸軍病院関係者である元軍医・元衛生兵・元看護婦、さらに地元の高校生が手弁当で参加した。まさに手作りの展示をしたのだ。

1989年に開館した初代南風原文化センター

旧文化センターの展示

1996年には、旧南風原文化センターが第25回企画展として「南風原が語る沖縄戦―戦災調査を終えて」を開催。企画展調査の成果を広く町民に公開することで、地域の沖縄戦継承と調査で確認された戦争遺跡の啓蒙を図ることができた。

3 南風原文化センターの取り組み

南風原町は、県都・那覇市に隣接していて人口増加の激しい町であった。そのため小学校の生徒の数も増え続け、学校給食センターが手狭になり、移転することになった。1986年、その跡利用を検討するために検討委員会を設置した。委員会では、図書館、美術館、資料館等の案が上がった。

Ⅲ「記録し、伝える」取り組み

　南風原は都市化が著しく、山や丘、畑などが宅地や工場に変わり、農村から街へと変貌しつつあった。そういう中では、伝統的な歴史や文化が急速に少なくなっていった。それらが消えてしまう前に収集し保存することが、一番の課題ではないか。結論として、いま南風原に必要なのは、図書館や美術館より資料館だということで、「文化センター」を作ることとなった。

　南風原文化センターは、町の歴史、文化を掘り起こし、その活動を通して新たな文化を創造する教育文化施設として、1989年11月3日に開館した。

（1）初代南風原文化センター

❖壕の常設展示

　文化センターの常設展示のテーマを、「南風原と沖縄戦」「移民」「民俗」「芸能」の4つに絞った。その常設展示の最初が沖縄陸軍病院壕である。「南風原の沖縄戦」で避けて通れないのが陸軍病院壕で、内外に広く知られたこの壕は南風原の沖縄戦の象徴である。

　常設展示の流れは、その後「移民」「民俗」と続いて、最後は「芸能」になっている。最後の芸能コーナーは明るくし、平和を象徴させている。つまり、「暗い戦争」から「明るい平和」へ流れている。

　この陸軍病院壕を常設展示した意義は大きい。当時は、現場の壕がまだ公開されていなかった。壕の疑似体験ができるとあって、平和学習の現場となり、町内外の学校や一般、そして修学旅行のコースとしても定着していった。また教職員組合、JR職員労組などのフィールドワーク、大学のゼミなどで訪れる人も多かった。

　小さな町の小さな博物館が、陸軍病院壕の復元展示によって内外に広く知られ、評価されたのである。

❖多岐にわたる企画展・催し物

　文化センターは常設展示だけではない。企画展も精力的に取り組み、20年の間にさまざまなテーマで55回も行った。特に戦後史と戦争を多く取り上げた。ここでは戦争や平和の企画展・催し物を紹介しよう。
①「津嘉山の戦争」（1990・6・22〜29）　②松代・南風原壕交流会（1991・5・

「壕が語る沖縄戦」の展示会場風景

31) ③「南風原の学童疎開」(1991・6・16〜25) ④平和講演会「ヒロシマ原爆」(沼田鈴子)(1991・6・24) ⑤「ヒロシマ原爆展」(1992・6・14〜23) ⑥平和講演会と歌声(沼田鈴子・池原正雄)(1992・6・22) ⑦検証6・23「障害者の沖縄戦」(1993・6・21) ⑧検証6・23「ヒロシマの戦争」(1994・6・22) ⑨「壕が語る沖縄戦」(1995・6・11〜30) ⑩戦後50年・南風原平和ウィーク「壕シンポジウム・壕見学会・平和映画会・避難コースを歩く」(1995・6・17〜29) ⑪「慰霊の日を考えるリーダー研修会」(1996・6・6) ⑫映画会「GAMA・月桃の花」(1996・6・6) ⑬「南風原が語る沖縄戦─戦災調査を終えて」(1996・6・6〜23) ⑭「52年目の南風原国民学校卒業式」(1997・6・21) ⑮平和創造劇「卒業証書・52年目の夏」(1997・8・9) ⑯「子ども達の戦争」(1997・6・15〜30) ⑰「今に語る戦争遺跡展」(1998・6・1〜30) ⑱「発掘される南風原陸軍病院壕群」(1999・6・1〜30) ⑲「満州開拓団」(2000・6・15〜30)

　1995年に開催した「戦後50年・南風原平和ウィーク」は特筆すべきものであった(詳細は保存活用調査研究委員会の項を参照、94ページ)。
　ここでは1997年に行った平和創造劇「卒業証書」を紹介しよう。
　昭和5〜7年生まれの人は、戦争のため南風原国民学校の卒業式を行うことが出来ず、卒業証書を貰えなかった。そこで、戦争で失われた心の空白の1つを取りもどそうと、「52年目の卒業式」と平和創造劇「卒業証書」の製作上演を企画した。
　当事者が実行委員会を作り、文化センターを中心にして事業を展開した。卒業式は、南風原小学校(南風原国民学校)体育館で盛大に行われ、卒業証

書は、当時の校長名と現在の教育長名で発行され、卒業証書を手にした当事者たちは、52年間の心の空白を埋めた喜びで晴れ晴れとしていた。

卒業証書には、「あなたは、52年前の沖縄戦によって卒業の認定を受けることが出来ませんでした。よって本町の平和事業を施行するにあたり、去る大戦で戦没された学友と村民を慰霊するとともに、悲惨な大戦を憂い未来の平和を求める今日の記念日に卒業を認定されました。この受証は、我が町の歴史として永久に語り継がれる証書であります」と、記されている。

52年目の南風原国民学校卒業式（1997・6・21）

平和創造劇「卒業証書・52年目の夏」の1場面

平和創造劇「卒業証書」は、当事者をはじめ、子や孫の三世代約50人で演じられた。物語は小学6年生の孫が祖父の戦争体験（学童疎開や沖縄戦）を受け継ぎ、当事者の祖父も卒業証書をもらうことによって、戦争で失われた心の空白を埋めていくというストーリー。

当事者や子や孫たちが、演劇を実際に演じることによって、沖縄戦を追体験する場となり、また戦争体験者と戦後生まれの心の交流を生み、戦争と平和を考える機会となった。

❖子どもを育てる「子ども平和学習」

小学校6年生8人を対象に、毎年文化センターが行う事業で、沖縄戦やヒロシマ、人権、差別などを学習するもので、毎年報告書が作られている。

学童疎開から60年の節目に当たる、2004年に行った学童疎開をテーマにした平和学習の様子を紹介しょう。

昭和19年、南風原から熊本、宮崎へ約250人の小学生が学童疎開した。その学童疎開の足跡を体験者と共に追体験しようという企画だ。参加者は、子ども、体験者やその家族、一般参加者合わせて約50人であった。

当時と同じように船で那覇港を出港し、対馬丸が遭難した現場では、汽笛を鳴らして慰霊祭を行った。子どもが弔辞を読み上げ、参加者が線香をあげ、酒と花束を遭難現場へ捧げた。

学童疎開の足跡を追体験する企画での船上慰霊祭

事前に、対馬丸や学童疎開体験者の実体験を船内で聞く学習会を開いて慰霊祭に臨んだので、参加した子どもたちも真剣そのものであった。

鹿児島で下船し、まず熊本県八代市日奈久へ着いた。日奈久では、疎開者たちが学んだ小学校で、全校生徒と交流会をした。その後、今も残る当時の宿泊所だった新湯旅館に宿泊した。そこで体験者から当時の生活の様子を聞き、追体験することができた。

翌日は球磨川沿いの山奥の坂本小学校や、宿泊所であったお寺など、そして体験者たちは、当時の学友たちと手を取りあって再会を喜んでいた。

その後、同様に宮崎の高鍋町や西都市を訪ねた。子どもらは、この平和学習で、「ヤーサン　ヒーサン　シカラーサン」(ひもじいよ　寒いよ　さびしい

よ)の学童疎開の実態を学ぶことができた。

　この平和学習では、平和という概念を戦争だけでとらえるのではなく、たとえばハンセン病を通して、偏見や差別・人権などを広く捉えていくようにしている。ヒロシマの原爆や被差別部落や朝鮮人差別、さらにはアイヌや沖縄人差別まで学習する。

　子どもたちは、その現場を歩いて当事者から迫力ある話を直接聞き、学校では学べない多くのことを体験して、頭と心、そして体全体で平和について学び、大きく成長している。

❖平和学習卒業生の組織「アオギリ・ドットコム」

　アオギリとは、被爆後に蘇った広島の平和公園の木のことである。アオギリ・ドットコムは、ヒロシマなどで平和学習したOBたちの組織で、15期生の中から約20人が活動している。

　その活動は、沖縄の史跡や米軍基地をめぐり、地元南風原の学習、文化センターの手伝いや、それに今一度、ヒロシマを訪ねたり、平和学習の後輩たちを指導したりしている。

❖南風原ユース

　平和学習OBを中心にした「高校生たち」の組織を、南風原ユースとよんでいる。南風原ユースの活動は、戦争だけでなく足下の歴史や文化を学び、それを高校生や町民に広く発信していくことである。

　2008年には、南風原の100年の歴史と文化の歩みを、「プロムナード・南風原」として45分の映像にまとめ、町民対象に上映会をするなどレベルの高い活動を展開している。これは脚本・撮影・編集・ナレーションなど、すべて高校生の手による地域の歴史と文化を紹介した意欲的な映像作品だ。この活動にトヨタ財団から50万円の補助を受けている。

　2009年は、その活動に注目した京都弁護士会の取り計らいで、京都の高校生たちと平和を通した交流に発展した。10月には京都から弁護士会の引率で6人の中高校生と交流会をした。そして12月には、京都弁護士会の招きで、京都国際会館で催された「第39回　憲法と人権を考える集い」(主催・京都弁

護士会)に参加し、その活動を発表した。

南風原ユースは、南風原文化センターを支える、また若い力として大きく成長している南風原の希望である。

(2)新南風原文化センター

旧文化センターが道路拡張工事のため移転することになり、建設委員会を立ち上げ、準備に取りかかった。建設委員会は、町民や県民の声を徹底的に聞き、かつ旧文化センター20年の経験を新館に反映させることにした。

展示は、業者を使わず町民参加で町民の手づくりに徹した。常設展示では新しく沖縄の戦後史を加え、沖縄戦から現在までの流れを作った。民俗のコーナーも一室を設け充実した展示となった。

旧文化センター開館から20年目の節目にあたる2009年11月3日、新文化センターが移転開館した。場所は、陸軍病院壕と関連させる視点で、黄金森のいわゆる、飯あげの道に沿った位置にした。

常設展示は、「南風原の沖縄戦」「戦後　ゼロからの再建」「移民」「人びとの暮らし」で、沖縄そして南風原の地域に根ざした展示を展開している。

✤南風原の沖縄戦

2007年に一般公開した沖縄陸軍病院第二外科20号壕を館内に再現した。

約25メートルある壕は迫力満点だ。壕は醤油樽を肩に担いだ「飯あげ(めし)」の様子を再現したひめゆり学徒からはじまる。学徒が薄暗い二段ベッドに横たわる患者に、ピンポン玉大のオニギリを配る。これが患者の1日の全食糧だ。二段ベッドには、見学者が実際に横になって体験できるコーナーもあり臨場感を与える。

ベッドの反対側には、壕から出土した遺留品が静かに展示されている。壕の十字路には、手術台がおかれて、軍医と女子学徒が立ち、手術の様子が想像できる。

壕の出口には、黄金森(くがにむい)の地形模型があり、第一外科、第二外科、第三外科、南風原国民学校、三角兵舎の場所が確認できる。さらに、青酸カリを実際に飲まされた兵士の証言や、陸軍病院関連年表などがある。

壕を出ると正面に奉安殿(ほうあんでん)が目に入る。奉安殿は扉を開けて中をのぞくことも出来る。各地の奉安殿を紹介した写真は、御真影(ごしんえい)(天皇の写真)や教育勅語を納めた奉安殿の形のバリエーションを伺わせる。また、沖縄戦時の「御真影奉護の通達文書」や、戦後初期の「奉安殿破壊命令」は、御真影と奉安殿の末路を知ることができる。

年表は、明治から沖縄戦の歴史を示し、銃後の生活(住民の戦争協力)を示す「慰問袋」「戦時債券」などを展示している。さらに同化政策の象徴として、「御(う)嶽(たき)の神社化」をテーマに、南風原のキーチキ御嶽のレプリカを展示。キーチキの御嶽の中の鳥居を確認しよう。

「飯あげ」を再現した展示

「南風原国民学校の戦時教育」では、戦時色を表す児童生徒の集合写真や学校風呂の写真、さらに沖縄陸軍病院の学校利用図が展示されている。

「兵士と戦場」では、徴兵検査から入営・戦場・戦死の流れを示し、特に「アジア太平洋戦争における南風原村出身兵士の戦死図」は、村の兵士がアジア太平洋戦争に直結していたことがわかる。兵士の戦病死もカウントされていることに注目したい。

沖縄戦における根こそぎ戦場動員の典型は、防衛隊召集である。その防衛隊がどの部隊に召集されていたかが、一見して分かる「防衛隊の配置図」を注目してほしい。

「忠魂碑」は、南風原村の忠魂碑を模したレプリカと、県内に現存する忠魂碑の写真を展示している。忠魂碑レプリカの後ろに展示された戦前の字平安座(ざ)(うるま市)で挙行された「出征軍人武運長久(ぶうんちょうきゅう)祈願祭」の写真が、忠魂碑の役割をよく示している。

「学童疎開」は、「南風原国民学校の疎開先」の地図と、疎開地(熊本県・宮崎県)のコーナーに疎開児童の写真を展示している。「ヤーサン(ひもじい)・

ヒーサン（寒い）・シカラーサン（さびしい）」を体験した疎開児童の表情と服装に注目してほしい。

「南風原に配備された部隊」「戦場になった南風原」「南風原村民の戦死状況」は、町が実施した全字の沖縄戦戦災実態調査の成果を展示、沖縄戦を一般化せず、南風原からみた沖縄戦の実相にこだわっている点が特徴である。

弾で穴のあいた着物や、南風原から出土した遺留品にも注目してほしい。ここでは、文化センターが独自に製作した、「沖縄陸軍病院壕」の映像を観ることと、体験者の証言を読むことを薦めたい。

「移民の戦争体験」は、南風原の満州開拓団の現地での家屋配置図や生活、ソ連参戦後の逃避行を中心に展示している。また、アメリカでの収容所生活を送った家族の写真も紹介している。

「戦争遺跡」では、戦争遺跡として文化財指定第1号の沖縄陸軍病院南風原壕、県内の指定戦争遺跡、地図や写真、さらに全国の指定戦争遺跡の数を紹介している。戦争遺跡の保存活用を先駆的に取り組んでいる南風原町ならではの展示である。

南風原村の戦没者4431人の名前を壁一面に刻んでいる、「平和の礎（いしじ）」南風原版には圧倒されるであろう。その下には、朽ちた兵器、軍靴、飯ごう、水筒、ガスマスク、ビン、茶碗などが無造作に積まれている。これらの残骸と死者が、戦争のむなしさと愚かさを静かに物語る。

戦争展示の最後は、弾が貫通し無数に弾痕跡が残る塀の実物があり、地上戦の恐ろしさを無言のうちに語る。

✤戦後　ゼロからの再建

沖縄戦は、沖縄のヒトもモノもほぼ壊滅させた。戦後はゼロからのスタートだった。生き残った人びとの戦後は、収容所からはじまった。収容所は、金網に囲まれていた。米軍は住民を金網に囲い込み、基地を建設していった。

人びとはテントで生活し、米軍の配給や「戦果」で飢えをしのいだ。やがて帰村が許され、米軍の廃材や廃品で家屋や生活用品をつくり、村の復興に力を注いだ。まさに戦後は、ゼロからの再建であった。

展示場いっぱいの戦後史年表は、激動の戦後沖縄をあらわしている。年表

には、南風原の暮らしの出来事も入っていることに注目してほしい。たとえば、「カレーライスのはじめ」「電気のはじめ」「パーマネントのはじめ」などで、誰が何処でカレーを食べ始めて普及していったのか、電灯がついたと

戦後のスクラップブームの象徴、米軍戦車の残骸

きの感動で詠んだ狂歌など、暮らしに密着した年表となっている。

　米軍の事件事故の解説や米軍軍票Ｂ円、ドル、Ａサイン、英語の看板、高等弁務官や主席、米軍発行の雑誌「守礼の光」「今日に琉球」等は、米軍支配時代を実感させる。そして、米軍支配に抗する住民運動や復帰運動等の寄せ書きも見逃せない。

　展示のコンセプトは、庶民の生活である。薬莢の灰皿、コカコーラのビンを加工したコップ、野戦用フライパン、ジュラルミンのアイロン、金属製の食器、水管、親子ラジオ、フラフープ、ダッコちゃん、ミシン、蓄音機、扇風機、弁当箱、タバコ、学用品、教科書、ガリ版、タバコ、缶詰類、お菓子などが所狭しと並ぶ。

　まだある。戦後初期から使用された酸素ボンベのムラーヤの鐘、そしてスクラップブームの象徴としての、Ｍ４シャーマン米軍戦車の残骸は圧巻だ。また、「ネック　カット　フレンド」（刎頸の友）等、アメリカ人に発せられた、オキナワン・イングリッシュの言葉も実におもしろい。

　カマボコ型のコンセット建物の「娯楽コーナー」には、ジュークボックス、マンガ、オモチャ、映画やテレビのポスター、レコードのジャケットなど、びっしり展示され、懐かしく郷愁へ誘う。また、オリジナルの「沖縄・南風原の戦後」の映像も見逃せない。

　「変わる南風原」では、50年前と現在を同じ角度から撮影した写真を比較して、その変容ぶりを見せ、「変わる沖縄　変わらぬ沖縄」では、「唐の世から大和の世　大和の世からアメリカ世　ひるまさ変わたる　くぬ沖縄」（民謡の

歌詞)をコンセプトに、沖縄戦後史を象徴する言葉を展示している。「鼠(沖縄)は、猫(アメリカ)の許す範囲でしか遊べない」(ワトキンス大佐)や、「沖縄に自治はあり得ない」(キャラウェイ高等弁務官)、「沖縄の復帰が実現しない限り、日本の戦後は終わらない」(佐藤榮作総理大臣)など……。

どれをとっても激動の沖縄戦後史を理解するうえで欠かせない言葉である。そして、最後は沖縄の詩人・山之口貘の「沖縄よ　どこへいく」で結ばれる。

言葉の下には、今の沖縄の様子が写真で紹介している。沖縄の戦後の生活をこれだけ丁寧に扱った博物館はここしかない。

✤南風原の移民

ハワイ、北米、ペルー、ブラジル、ボリビア、アルゼンチン、ボリビア移民を紹介し、第1回ハワイ移民、第1回ブラジル移民、その後に続く移民、そして、現在の各国の町人会の様子を展示している。

貧しい時代に、大志を抱いて遙かなる国に渡っていった、南風原の先輩たちと、その子孫である二世・三世が世界中にいることを示している。沖縄戦のほかに、移民も沖縄の歴史で大きな出来事であった。

当時の写真や現地で収集した豊富な資料を、ここで見ることができる。

✤人びとの暮らし

このコーナーでは、「一日のくらし・一年のくらし・一生のくらし」そして、「一人のくらし・家族のくらし・ムラの暮らし」をテーマにしている。民家や豚小屋、山羊小屋を復元しかつての暮らしのありさまを、分かりやすく紹介している。民家の前には遊びの体験コーナーもあり、子どもたちに人気の場となっている。

森の様子も壁いっぱいに描かれ、昆虫や虫も確認できる。また、南風原の特徴である、綱引きの実物も展示され迫力満点である。井戸や民具など当時の生活が見えるよう細かい配慮がなされている。

ここでは、祖先たちの生活の知恵や工夫を学ぶことができる。修学旅行生にも、沖縄の祭りや行事を知るチャンスとなっている。

IV

病院壕の文化財指定と保存活用の取り組み

───吉浜 忍〈1、2節〉
　　池田榮史〈3節〉

✵──コラム

「壕の坑木」

　沖縄戦は、すべての家屋を焼き払った。収容所からムラに帰ってきて最初の仕事は、住む家の再建だった。しかし、その資金も資材もない。そこで、住民が目をつけたのが、陸軍病院壕の坑木やベッドとして使われた木材だった。
　喜屋武の人たちは、3人1組になって壕へ行った。寝ている死体をベッドから振り落として木材をはずし、それを持ち帰って家を作った。現在、壕が落盤しているのは、それが原因だと考えられる。
　住民は、後にその遺骨をカマスに集めて埋葬したという。

（大城和喜）

1 保存活用調査研究委員会

　南風原町は1993年、文化財に指定した沖縄陸軍病院南風原壕群の保存活用を図るため、南風原陸軍病院壕保存活用調査研究委員会を発足させた。委員会は、歴史・考古・地質・土木の各専門家と陸軍病院関係者で構成され、延べ31回におよぶ会議や調査活動を行った。

　委員会活動の前半は、病院壕をほかの戦争遺跡と比較することで、客観的にみるために戦争遺跡の調査に力を入れた。軍病院壕では南風原町のナゲーラ壕や豊見城市の第24師団（山部隊）第2野戦病院壕、整備公開している戦争遺跡では豊見城市の海軍壕・旧玉城村の糸数アブチラガマ・西原町の役場壕、整備はしていないが沖縄戦追体験の場として活用されている旧具志頭村のガラビ壕・ヌヌマチガマ、読谷村のチビチリガマ・シムクガマ・掩体壕、あまり活用されていない那覇市のことぶき山の壕・田原の壕、糸数城址の下にある軍の監視哨、西原町小波津の陣地壕、名護市オオシッタイの御真影奉護壕を調査した。

　県外にも足を運び、長野県の松代大本営壕、神奈川県日吉の連合艦隊司令部壕の調査を実施した。陸軍病院壕の調査にも力を入れた。委員の専門を活かして測量・発掘、地質調査も行われ、壕の実状の科学的な解明を進めた。

　後半は答申に向けて、理念と方針づくりに時間を割いた。その間、陸軍病院関係者である軍医・看護婦・ひめゆり学徒隊から壕での体験を聴いたり、また壕公開のあり方について懇談したりした。さらに委員の池田榮史琉球大学教授と学生による20号壕の発掘調査を見学し、その成果を学んだ。

　さらに黄金森一帯の公園事業を計画している南風原町都市計画課との話し合いが持たれ、指定された壕群と公園施設の調整を行うことを確認した。公園建設が始まると都市計画課との調整会議が頻繁にもたれるようになった。

　1995年6月17日には南風原町沖縄戦50周年事業として、「戦争遺跡（壕）の保存活用を考える」をテーマに「壕シンポジウム」を開催した。壕をテーマにしたシンポジウムとしては全国初であり、県内外から注目された。

　シンポジウムのパネリストには松代大本営の保存をすすめる会の大日方悦

夫さん、広島市の被爆建造物の調査・保存に取り組んでいる石丸紀興さん、糸数アブチラガマがある旧玉城村の知念信夫村長、沖縄平和ネットワーク代表世話人の村上有慶さん、それに保存活用調査研究委員会の委員長である吉浜が、それぞれの立場から保存の意義と活用のあり方について問題提起した。さらに、陸軍病院の関係者からは元軍医の長田紀春さん（委員の1人）、元ひめゆり学徒の宮良ルリさんが病院壕での医療活動の実態を語った。

参加者に衝撃を与えたのが、病院壕に入院していた元兵士の岡襄さんが青酸カリ入りのミルクを飲まされたことを初めて聴衆の前で証言した場面であった。シンポジウムには250名が参加した。

保存活用調査委員会による壕調査

戦争遺跡の保存活用を考えるための「壕シンポジウム」

この取り組みは「平和ウィーク」として実施された。シンポジウムの他に、委員の国吉勇さんが壕から収集した遺留品を展示した「壕が語る沖縄戦」企画展、「陸軍病院壕見学会」「体験者と南部コースを歩く」メニューも設けられ、とくに「陸軍病院壕見学会」には300名が参加し、関心の高さを示した。

この年は、国が戦跡を文化財指定するための指定基準を改正した年である。「壕シンポジウム」開催の目的の1つには、南風原町が陸軍病院壕を文化財指定して5年経っても、後に続く市町村があまりないという現実にがっかりし

95

ていて、「壕シンポジウム」が戦跡指定のはずみになってほしいという願いがあった。こうした戦跡指定が、悲惨な沖縄戦を追体験し、現在でも多くの戦跡があり、戦跡めぐりが盛んな沖縄といっても、簡単にはできることではないことも、改めて思い知らされた。

◆保存・活用の答申
　1996年に保存活用調査研究委員会は南風原町に「南風原陸軍病院壕─保存・活用についての答申書」を提出した。以下、答申内容を紹介する。
　「基本理念」として、「壕の文化財としての価値」「次世代への沖縄戦継承」「戦没者の慰霊と平和祈念」の3点をかかげ、「基本方針」には「学びの場」「祈りの場」「憩いの場」を提示した。「基本理念」と「基本方針」を受けての「保存・活用計画」は、「点（壕）」と「線（壕と壕を結ぶ）」と「面（壕群がある黄金森）」を視点とした計画を示した。
　「点」の視点の目玉は、20号壕と24号壕の保存・活用の具体的な方法であった。壕の中を通すか、壕の中を覗くことに留めるかについて時間をかけて討議した。そして、苦渋の結論として、見学者を壕の中に入れないで入口から覗くという方針をとった。
　次の3点がその理由であった。第1に、土の山に横穴を掘った壕は落盤の危険性があり、しかも劣化が激しい。第2に、この年に北海道の豊平トンネルの落盤事故があり、壕の中を通すのに躊躇した。第3に、壕の安全性を確保するには莫大な工事費用がかかり、自治体の予算では厳しい。
　しかし答申後、当時の金城義夫南風原町長は、「壕の中を通すことに意義がある」という英断を下し、答申内容は「変更」となった。

2　整備公開検討委員会

　保存・活用の答申を受けて南風原町は1997年、南風原陸軍病院壕整備公開検討委員会を発足させた。この委員会の構成は、保存活用委員会のメンバーから歴史（吉浜）・考古（池田榮史）・土木（城間敏夫）の3名と町の助役・教育長・文化財保護委員長、それにすでに工事進行している運動公園事業の所

Ⅳ　病院壕の文化財指定と保存活用の取り組み

轄担当者で構成された。委員長には助役が着いた。

　委員会の任務は先の答申を受けて、壕の保存整備、公開の具体的な計画を策定することであった。ところが、委員会は運動公園工事の際に破壊、破損された壕の対処に終始したため、途中から行政関係者を除いた委員で構成されたワーキングチームを組織した。これで理念的な議論が可能となった。それでも答申を策定するのに7年も要した。南風原陸軍病院壕は、全国初の戦跡文化財の壕、おまけに土の壕なので、時間をかけて慎重に検討した。

　町は答申策定の期間にもさまざまな取り組みを行った。その1つが1998年に戦争遺跡保存全国ネットワーク・沖縄平和ネットワークと共催した「第2回戦争遺跡保存全国シンポジウム」だ。全国から約500人が参加し関心の高さを示した。マスコミも大きく取り上げ、戦跡の認知に一役を果たした。

　繰り返すことになるが、戦跡の活用は今日的な潮流ではあるが、意図的・意識的な取り組みをしなければ力にはならない。南風原町では、壕そのものに対する取り組み、文化センターでの企画展示、町史編集事業での沖縄戦関係出版物の刊行という「三位一体」の取り組みが、計画的・持続的に行われていることを強調したい。

　2003年、「整備・公開についての答申書」を町に提出した。以下、答申内容を紹介する。「基本理念」は先の保存・活用についての答申文言と同じ。「基本方針」の「学びの場」と「憩いの場」も先の答申と同じだが、「祈りの場」を「祈りと平和創造の場」に変えている。

　壕の現況の項目には、これまでの考古学的調査の成果が記され、また新たに物理工学的調査として、電気探査やシュミットハンマー反発値の調査も加えられている。そして最も重要な「保存・公開のあり方」として、①中心壕の保存・公開、②戦跡ゾーン設定、③新南風原文化センターとの関連の3点をあげている。

　①は先の答申を変更し、20号壕は中を通すことになった。ただし24号壕は答申と同じように入口から覗く。②は公園事業で整備される遊歩道を壕と壕を結ぶかたちでつくる、また平和創造の広場を設置するとしている。③は移転新設される新文化センターと壕の関連を強化し、壕は追体験の場、文化センターは学びの場と位置づけられている。

委員会で最も時間をかけて討議したのが、20号壕の整備・公開の仕方である。20号壕の現況を踏まえ、「崩落の著しい出入口（現在の壕口は後退している）はコンクリートで補強する。壕内で保存状態の良い箇所は現形のまま残す。一方、壕内の崩落のある箇所や崩落の可能性のある箇所は補強物を入れ現形に近い状態で覆土する」という3種類の工法を示している。安全対策と現形維持は二律背反するだけに、正直言って苦心の策であった。

3 考古学手法による壕群の調査

✣調査にいたるまでの経緯

◆沖縄陸軍病院と南風原壕群

　沖縄陸軍病院は庶務科、経理科、教育科、衛生材料科の4科と、外科（戦闘の激化によって編成替え後、第一外科）・内科（同、第二外科）・伝染病科（同、第三外科）からなる診療科を合わせた5科で構成されていた。戦後に行われた関係者からの聞き取り調査によれば、この中の診療科を除く4科は一括して病院本部と呼ばれていた。黄金森丘陵一帯に掘削された病院壕群は、当然、この構成に沿ったまとまりをもって配置されていた。

　しかし、沖縄戦が終って50年近い歳月が過ぎた1990年頃には、壕群が掘削されていた丘陵の周辺では工事が頻繁に行われ、農地や宅地へと姿を変えていた。中でも、病院本部の壕群と第三外科の壕群あたりの変化は激しく、現況で壕の位置の確認はほとんどできなかった。このため1990年に、南風原町が陸軍病院壕群を史跡指定する際には、病院本部壕群と第三外科壕群を除いて、比較的周辺地形の変化が少ない第一・第二外科壕群を指定対象とした。

　史跡指定された第一・第二外科壕群も、壕の位置や内部の構造が完全にわかっていたわけではない。指定の基礎資料となったのは、戦後に行われた壕体験者に対する聞き取り記録や、厚生省（当時）による遺骨収集作業時の立ち合い記録などをもとに作られた、壕群の分布想定図であった。この分布想定図は1987年に南風原町教育委員会が刊行した『南風原陸軍病院』に掲載された。編集を担当したのは南風原町文化財保護委員の吉浜忍氏だった。

Ⅳ　病院壕の文化財指定と保存活用の取り組み

◆『南風原陸軍病院』

　吉浜氏が『南風原陸軍病院』を編集するきっかけは、厚生省（当時）による遺骨収集作業に立ち会った経験であった。厚生省の遺骨収集作業は、壕がありそうな場所に目星をつけて、ユンボなどの重機で地面を掘り下げ、壕を探す。壕の位置を確認すると、さらに周辺を重機で掘って壕の床面を露出させ、残された遺骨や遺品を収集する。

　しかし、遺骨や遺品を収集する際に、掘り出した壕の位置や残り具合、壕が埋まっていた状況、遺骨・遺品の位置や埋まっていた状況などについて、詳細な記録を取ることはほとんどない。厚生省による遺骨収集作業は遺骨や遺品の収容に目的が置かれ、壕の配置や構造、実際の使用状態など、壕のもつ歴史的情報を資料化することはなかった。

　これに疑問を持った吉浜氏は文献記録を手がかりに、沖縄陸軍病院の設置から解散までの経過について調べた上で、壕体験者からの聞き取り記録や厚生省による遺骨収集作業時の記録写真、その際の略図などを盛り込みながら、南風原国民学校や黄金森丘陵に掘削された壕群を使用した時期の沖縄陸軍病院の様相をまとめた。そこには遺骨や遺品を収集して、戦死者の御霊を慰めるだけではなく、これを歴史的資料として取り扱う視点が提示されていて、それまでの戦争遺跡に対する取り組みとは大きく異なっていた。

◆南風原町による史跡指定と「戦跡考古学」

　1990年に行われた沖縄陸軍病院南風原壕群の町史跡への指定は、このような壕を歴史遺産として取り扱う視点の延長線上にある。この視点に立てば、壕を史跡として指定するだけではなく、指定後は分布状況やそれぞれの構造、埋没状況、さらには周辺の地質条件などについての調査を行い、これをもとに保存や活用計画を策定することが求められる。

　しかし当時の南風原町教育委員会には、このような専門的調査ができる職員が配置されていなかった。そこで南風原町は、1992年に「南風原陸軍病院壕保存活用調査研究委員会」を発足させ、考古学や地質学、土木学などを専門とする研究者の参加を求めることにした。考古学の分野には池田が参加し、

同時に勤務する琉球大学考古学研究室が壕群の調査に関わることになった。
　ところで、沖縄陸軍病院南風原壕群の調査に、考古学を専門とする池田および琉球大学考古学研究室が関わったことには、当時の考古学の世界で提起されていた「戦跡考古学」という考え方が強く影響していた。
　「戦跡考古学」とは、1984年に沖縄の考古学研究者である當眞嗣一氏が提唱したものだ。當眞氏は「沖縄戦の戦争遺跡や戦争遺留品という過去の物質的資料を認識の手段として沖縄戦の実相にふれていくこと」を「考古学研究者の作業分野としてとりこんでもいいのではないか」(「戦跡考古学のすすめ」『南島考古だより』第30号　1984年5月)と述べ、沖縄戦に関係する遺跡や遺物に対する考古学的研究の必要性を提起していた。
　當眞氏の提起は沖縄における歴史研究の中で、特に考古学が取り組むべき研究課題の1つを喚起し、沖縄在住の考古学研究者による積極的な取り組みを促したものであった。
　しかし、当時の日本の文化財保護法の規定では、歴史遺産を文化財として取り扱う目安として、100年以上の時間を経過したことが条件となっていた。国の文化財保護法に準拠する限りは、終結からまだ50年も過ぎていない沖縄戦に関係する戦争遺跡を、文化財に指定することは不可能であった。これに対して南風原町では、独自に町の文化財保護条例を改正し、取り扱い対象となる文化財の中に沖縄戦に関係することを追加して、沖縄陸軍病院南風原壕群を文化財に指定した。
　これは国の文化財指定基準が改訂され、戦跡が文化財の指定対象に加えられた1995年3月よりも、5年前だった。南風原町による沖縄陸軍病院第一・第二外科壕群の史跡指定は、当時としてきわめて画期的な措置であった。
　1990年当時、観光地として整備された海軍沖縄方面根拠地司令部壕や摩文仁の丘周辺の洞窟陣地などを除く沖縄県内の戦争遺跡は、ほとんどが放置されている状況だった。當眞氏の「戦跡考古学のすすめ」によって研究上の必要性や有効性を認めたとしても、法的根拠がない以上、県や市町村という行政機関では、戦争遺跡を文化財として取り扱うことができなかった。
　このような場合、残された方法は行政機関以外の組織による積極的な取り組みが求められる。沖縄県内でこれを探すとすると、大学や博物館などの教

Ⅳ　病院壕の文化財指定と保存活用の取り組み

育研究組織や、これに属する研究者に期待する以外にない。これらの組織や研究者が先駆的調査と研究成果の蓄積を進めることで、戦争遺跡に対する社会的認知を広げ、行政機関による取り組みを可能とする環境を醸成することが、まさに必要とされていたのである。

　沖縄陸軍病院南風原壕群に対する考古学的調査は、第一・第二外科壕群の保存、活用をめざした南風原町の取り組みと、沖縄考古学の世界で必要とされた戦跡考古学の実践活動を求める動きが重なって始まったのである。

❖調査の方法と経過
◆沖縄陸軍病院南風原壕群調査の開始

　南風原町が1992年に設置した「南風原陸軍病院壕保存活用調査研究委員会」では、沖縄県内に残された壕だけではなく、長野県松代大本営壕や神奈川県横浜市日吉旧日本海軍司令部壕など、県外の戦争遺跡の現地調査も行い、沖縄陸軍病院南風原壕群の望ましい取り扱い方針について討議を深めた。平行して、これまでに先行事例のない壕の調査方法に対する検討も進められた。

　その結果、まず壕群が分布する黄金森全域の地形測量図を作成すること、次に壕内部への出入りが可能な20号壕と24号壕について、壕内部の現況実測図の作成作業を行うこと、そしてこれを踏まえた壕内部の地質構造および地質強度調査を実施すること、となった。

　調査の開始にあたって、壕保全の緊急性からすると、周辺地形の改変が進み、現況での壕の確認が困難となった本部壕群や第三外科壕群を優先したいところだった。しかし、先に史跡指定を行った第一・第二外科壕群が分布する黄金森丘陵で、南風原町による公園整備計画の工事が進行していた。第一・第二外科壕群のより良い保存活用には、工事が始まっている黄金森丘陵で壕群に関する情報を早く収集し、関係者に提供することが必要と考えられた。そこで第一・第二外科壕群の調査を先行した。

◆調査の方法と経過

　「南風原陸軍病院壕保存活用調査研究委員会」の設置とともに始まった一連の活動の中で、壕の考古学的調査は、次の4段階の工程を設けることが、次

第に固まっていった。
  第1段階　南風原陸軍病院壕群についての情報(聞き取り記録・戦史記録など)を前もって徹底的に収集する
  第2段階　現地での地形測量図および壕現況図を作成し、事前情報との対比と確認を行う
  第3段階　壕やその他の遺構が存在すると予測される地点について試掘を行い、その具体的な位置や埋没状況を確認し、考古学的な方法による資料化を計る
  第4段階　必要があれば本調査を実施し、遺構の総合的把握に努める

これは壕や戦争遺跡の調査を目的として、特別に設定した調査方針ではない。あくまで一般的な考古学的調査の方法によって、調査を段階的に進める目安を設けたものである。その後、この方針に従って、琉球大学考古学研究室が関わって実施した調査は、次のように進行している。

　①1994年8月　　　黄金森丘陵(第一外科・第二外科壕群)測量調査
　②1995年5月　　　20・24号壕内現況実測調査および地質調査
　③1995年8～10月　20号壕中央部および壕東側入り口部試掘調査
　④1996年8月　　　第二外科壕群18・19号壕東側入り口部確認調査
　⑤1997年3月　　　仮17号壕確認調査
　⑥1997年8～11月　第二外科壕群21号壕東側入り口部確認調査
　⑦1998年3月　　　仮17号壕破損状況確認測量調査
　⑧1998年8～11月　第二外科壕群20・21号壕南西側入り口部確認調査
　⑨1999年3月　　　第二外科壕群19・20号壕南西側入り口部確認調査
　⑩1999年8月　　　第一外科壕群確認測量調査
　⑪2000年3月　　　第一外科壕群23号壕と同壕隣接壕入り口部試掘調査
　⑫2001年3月　　　第一外科壕群第7～9号壕確認調査
　⑬2002年3月　　　第二外科壕群18・19号壕東側入り口部発掘調査
　⑭2002年9月　　　第二外科壕群20号壕周辺地質電気探査
　⑮2003年9月　　　第一外科壕群確認試掘調査
　⑯2004年3月　　　20号壕南西側入り口・24号壕入り口部発掘調査
　⑰2005年3月　　　20号壕南西側壕内発掘調査

⑱2006年3・5月　　第一外科壕群精密測量調査

この中で①②⑦⑩⑭⑱の調査は第2段階、③〜⑥⑧⑨⑪〜⑬⑮は第3段階、⑯⑰は第4段階の調査である。これをみれば、第1段階の聞き取り記録や戦史記録の収集をまず行い、次に第2段階の調査、第3段階の調査、そして第4段階の調査へと進む。

さらに2006〜2008年にかけては、南風原町教育委員会によって20号壕の復原整備を前提とした壕内発掘調査が実施された。これは琉球大学考古学研究室による調査成果を踏まえ、南風原町が実施した調査である。

✼考古学的調査の内容

◆事前調査（第1段階）、および測量調査（第2段階）の調査成果

沖縄陸軍病院が置かれた南風原国民学校、現在の南風原小学校および南風原中学校の周辺には、南側に黄金森丘陵、西側に黄金森から派生した丘陵が延びている。

沖縄陸軍病院の壕群はこの丘陵地形を利用して配置されており、黄金森丘陵の中央部西斜面に病院本部を置き、これを取り囲むように、黄金森丘陵南側に外科（後の第一外科）、東側に内科（後の第二外科）の壕を配置した。また伝染病科（後の第三外科）壕は、黄金森から派生した国民学校西側の丘陵に作られた。

本部壕

病院本部の壕は出入り口を2カ所に持つ「コ」字型に掘削され、内部には調剤室なども配置されていたという。しかし戦後、ここに日本軍資産が隠匿されていたとの情報があったことなどから、壕があったと推定された周辺は、重機による探索作業が何度も行われ、景観が大きく変化した。その場所は、戦後に建立された「悲風の丘」の碑から北に広がる畑地と雑木林の中である。重機によって掘削された痕跡がいたるところにあるが、探索によって本部壕が確認されたという話は伝わっていない。

また、推定地域内の畑地部分は、2008年度から始められた南風原文化センターを含む町営施設の移転工事区域に組み込まれたので、工事に先立ち、町

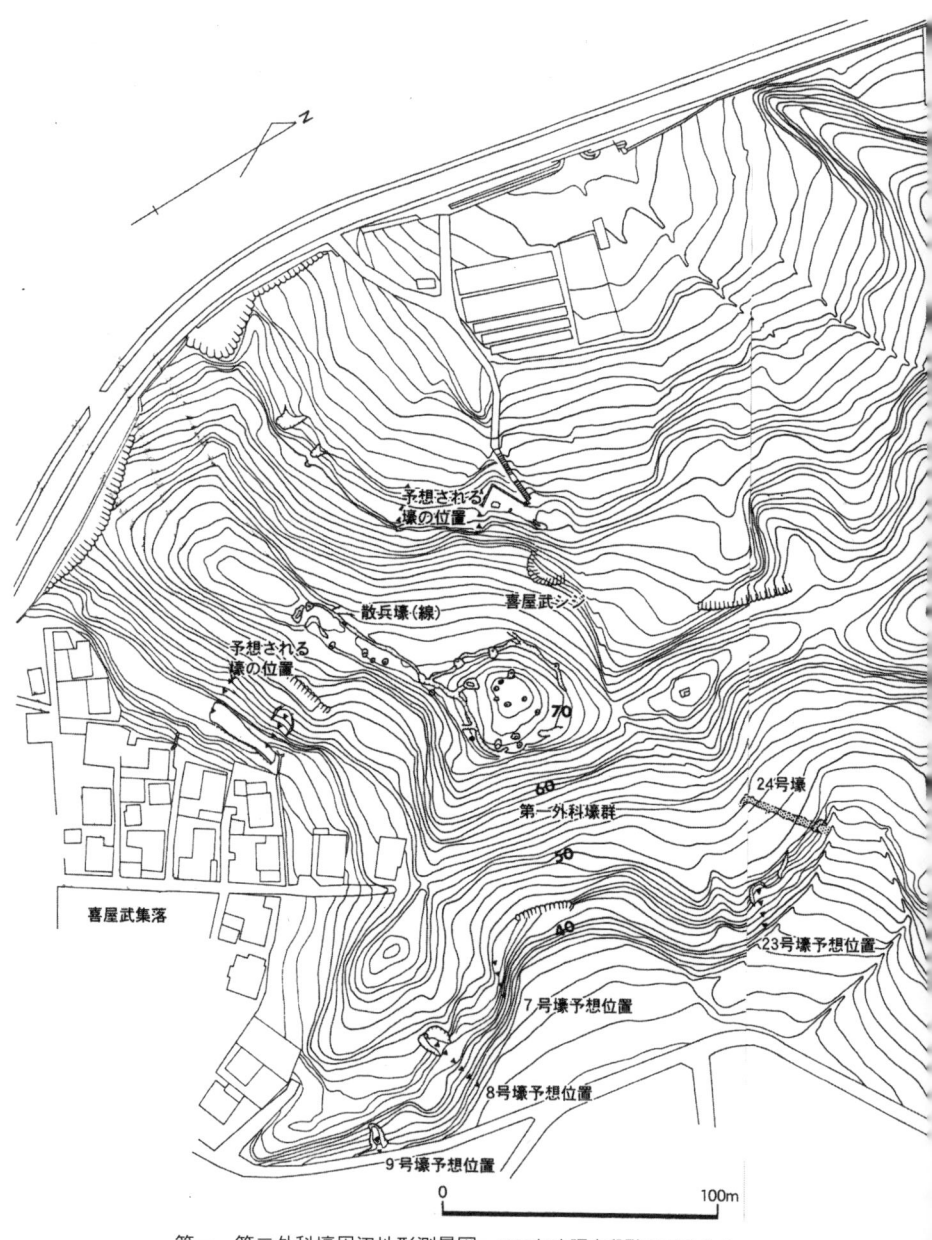

第一、第二外科壕周辺地形測量図＝1995年度調査段階までのもの

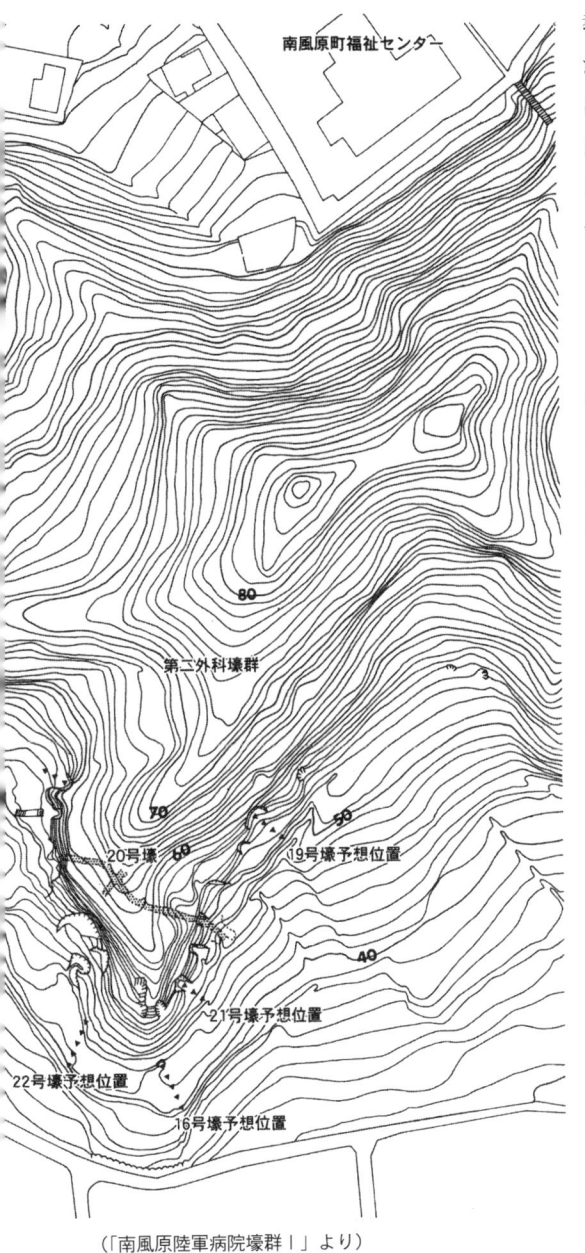

Ⅳ 病院壕の文化財指定と保存活用の取り組み

教育委員会による立ち会い調査が実施された。ここでも本部壕は確認されていない。本部壕があったとされる場所周辺は、改めて測量作業を含めた確認調査が必要となる。

第一外科壕

外科（第一外科）の壕は黄金森丘陵の中で、一番南に位置する南北に細長い丘陵の斜面を利用して構築されていた。この丘陵の頂上部分には、「仏の前」と「喜屋武チヂー」と呼ばれる喜屋武集落の聖域がある。この「喜屋武チヂー」から南へ延びる尾根の東西両斜面に数基ずつ壕が掘られ、東斜面側は「イの1〜5号壕」、西斜面側は「ロの1〜5壕」と呼ばれていた。また、「イ」の壕列の南に並んで、受付壕や手術壕があったとされている。これらはすべて、出入り口が前方1カ所で、貫通していない「盲貫壕」であったという。また主尾根から東へ派生する丘陵の斜面には、7〜15号壕と23・24号壕が掘削されていたことがわかっている。

外科の壕は、厚生省をはじめ

（「南風原陸軍病院壕群Ⅰ」より）

105

とした遺骨収集がたびたび行われ、「イ」の壕列の3基、「ロ」の壕列の2基、また派生丘陵で第7〜9号壕と第23・24号壕が確認されている。ただし現在、外科の壕はすべて陥没しており、内部へ出入りはできない。また「イ」と「ロ」の壕列で確認された壕が、これまでの聞き取り記録に見られる「イの1〜5号壕」、「ロの1〜5号壕」のどれに相当するのかは未確定である。

　外科の壕群に関する事前情報と、新たに行った地形測量の成果を総合すると、「イ」の壕群については、厚生省による遺骨収集時の掘削痕を残している部分3カ所のほかに、これを挟んだ両側の位置に壕の陥没らしい凹みが2カ所ある。「ロ」の壕列については、「悲風の丘」の碑のすぐ裏手の1基と、その南に位置する壕の2基で遺骨収集が行われたが、ほかに壕の陥没らしい凹みが2カ所見られる。これらの凹みが壕の陥没とすると、「イ」の壕列は5基、「ロ」の壕列は4基の壕があったことになる。

　この数は、聞き取り記録による「イ」「ロ」両壕列の壕数に比べ、それぞれ1、2基少ない。なお、壕が掘削された丘陵の南端部分は、戦後の道路拡幅工事で削り取られているので、壕が消滅した可能性もある。「イ」「ロ」の両壕列は、改めて現存する壕数の確定、その上でこれと聞き取り調査の壕番号との照合が今後の課題となる。

　7〜15号のなかで、7〜9号壕は厚生省による遺骨収集の際に確認された。残りの10〜15号壕は重機を用いて大規模な探索を行ったものの、位置の確認ができていない。

　そこで新たに作成した測量図を見ると、厚生省による壕の探索は、重機による掘削痕が残る標高40メートル付近の丘陵裾部を中心に実施されたことがわかる。しかし標高55メートルあたりの丘陵斜面に2カ所、また23号壕の南に接して1カ所、計3カ所の壕の陥没と思われる凹みが認められる。これらが10〜15号壕のいずれかと考えられ、厚生省による遺骨収集作業では、壕の想定位置を過って探索していた可能性が高い。ただし、測量図の壕の陥没らしい凹みは3カ所で、聞き取り記録による壕数6基に比べ、なお3基の壕が不足する。やはり今後の詳細調査が必要である。

　23・24号壕は内科の壕に隣接した位置に配置されている。ともに1990年代までは内部への出入りが可能であったが、現在は出入り口が大きく崩壊して

Ⅳ　病院壕の文化財指定と保存活用の取り組み

危険なため、立ち入りを禁止している。

　第二外科壕
　内科（第二外科）の壕は、黄金森丘陵から東に伸びる派生丘陵部に掘削されていた。外科に比べて壕数が少なく、16〜22号壕の7基で構成されていたという。
　この中で19・20・21号壕は尾根を掘り抜いて並ぶ3本の壕で、壕内に設けた通路で連結されていた。これらは内科の中心壕群で、中央の20号壕には第二外科の手術場が置かれていた。
　16・22号壕は、内科の壕群が掘削された丘陵の東端部近くに位置する。残る17・18号壕の中で、17号壕は19号壕の北側、18号壕は19号壕と20号壕の間とされていた。しかし調査の結果、17号壕は内科の壕群が掘削された丘陵の北端にあり、これから丘陵先端方向へ向けて18・19・20・21号壕の順に配置されていたことが確認された。なお、16・19〜22号壕の5壕は、厚生省による遺骨収集作業が行われ、重機の掘削痕が残っている。

　第三外科壕
　伝染病科（第三外科）の壕は、黄金森から北西方向へ派生する丘陵の斜面に掘削されていたという。現在の南風原町役場庁舎から県営団地が建つあたりである。4基の壕で、この内の1基は現在の南風原小学校正門の道向かいにあり、軍医・看護婦など、関係者の詰所であったという。残りの3基は病棟壕である。
　しかし、現在では周辺の地形が大きく変貌し、確認はまったくできない状況にある。伝染病科の壕群については、現地での地表観察調査にとどまっており、今後の確認調査が望まれる。

◆各壕の平面構造について
　南風原陸軍病院壕群第一・第二外科壕群の中で、ほぼ全体を発掘調査（先の調査段階では第4段階の調査まで）した壕は、第二外科20号壕だけである。これは20号壕が壕内に入れる状態で残っており、発掘調査後に、その成果を

踏まえた復原整備工事を施し、一般公開することが計画されていたからである。ほかには第一外科7・8・9・23・24号壕、第二外科17・18・19・21号壕で入り口部分の位置を確認する調査（第3段階の調査）を行っている。

　沖縄陸軍病院南風原壕群のほとんどの壕は、人力によって丘陵斜面や山腹をトンネル状に掘り込む工法で構築された。また、壕にはできる限り複数の出入り口を設け、換気と緊急時の移動の便を図ったことがわかっている。

　しかし壕群の平面構造は一様ではなく、貫通した1本のトンネル状のもの、数本のトンネル状の壕に内部通路を設けて連結させた構造のもの、あるいは未貫通のトンネル状のもの、さらには平行する未貫通のトンネル壕の奥を連絡通路によって繋ぎ、「コ」の字形の構造のものなどがある。これは沖縄戦の開始までに壕の構築が間に合わず、予定していた完成形とは異なった姿のままの壕を使用せざるを得なかったためと考えられる。

　現在、確認できる主な壕群の構造は、第二外科19・20・21号壕は先述したように、尾根を掘り抜いたトンネル状の壕3本を壕内中央部分に掘削した通路で連結させた構造である。また、第一外科7・8・9号壕と23・24号壕の場合は、それぞれが未貫通のトンネル状壕の奥を連絡通路で結び、それぞれに隣り合う3本と2本の未貫通壕を連結させていた。第二外科17・18号壕は、出入り口が1つの未貫通トンネル状の壕と考えられる。公園工事の最中に確認した22号壕は、同様に出入り口が1つの未貫通トンネル状の壕であった。また23号壕に隣接した壕番号が確定できていない第一外科の壕は、全体の構造が未確認のままである。

✤第二外科20号壕の考古学的調査

　20号壕は黄金森の頂上部から南東方向に伸びた尾根を掘り抜いて構築されたトンネル状の壕である。20号壕には平行して掘削された19・21号壕があり、この3本が壕内の通路で連結されていた。ただし現在、19・21号壕は完全に陥没し、内部への出入りはできない。20号壕も発掘調査以前の段階では、2つの出入り口部分が陥没しており、東側入り口近くの天井部が陥没してできたわずかな隙間を、仮設の出入り口としていた。

　壕はまっすぐではなく、緩やかなクランク状に蛇行して掘削され、平行す

Ⅳ　病院壕の文化財指定と保存活用の取り組み

る19・21号壕との連絡通路は壕の中央近くに設けられている。東側の出入り口から連結通路までは天井や壁面の崩落が激しく、壕中央から西側の出入り口までの崩落は比較的少ない。これは掘削する土質の違い（東入り口側・泥岩＝方言名クチャ、西入り口側・微粒砂岩＝方言名ニービ）によると考えられる。崩落の少ない部分での計測値を参考にすれば、壕は床幅および天井幅、床から天井までの高さをほぼ1.8メートルに揃えて掘削している。

　壁の両面にはほぼ90センチおきに坑木を立てるための幅20センチほどのくり込みがあり、坑木の一部が残っているものもある。坑木の直径は10センチ前後で、壁面に設けたくり込み下の床面に直径、深さとも20～30センチほどの穴を掘って埋め込まれている。両壁面のくり込みに立てられた坑木の上には、天井に沿って横梁木があったというが、現存するものはない。また、壁面に残った坑木の中には釘で打ち付けられた平板が残っているものもあり、素掘りの壁面を平板材で覆っていた部分があったことを示している。

　仮設の東側出入り口から壕中央の連絡通路へ向かう途中の右壁面には、幅・奥行きとも約1.6メートル、高さ1.4メートルほどの小空間が作られ、壕はここから緩やかに角度を変えて曲がる。類似する空間は19号壕との連絡通路を2メートルほど入った右手にもある。こちらは幅・奥行きとも約80センチ、高さ1メートルで、床の高さが壕通路の床よりも50センチほど高いところが、前者と異なる。ともにベッドが作られていない壁面であるので、病院資材などを保管した可能性が考えられる。聞き取り記録によると、後者の小空間の側には第二外科の手術場があったという。

　手術場があった20号壕から第19号壕への通路は上り傾斜だったが、上り傾斜となる部分までの約2メートルは床面が平坦になっており、ここが手術場にあてられていた。

　第二外科はもともと内科だったので、当初、手術を担当する外科医はいなかった。しかし、戦闘の激化に伴い、外科医が派遣されて第二外科と改められると、壕内での手術を行う必要が生じた。このような緊急的措置であったため、正式な手術室ではなく、内科壕の中心的な位置にある20号壕の通路を手術場にしたと考えられる。中央で折り畳みできる簡易ベッドを置き、手術台にしていたという。手術場は、20号壕の床面よりも2～3センチ低い状態

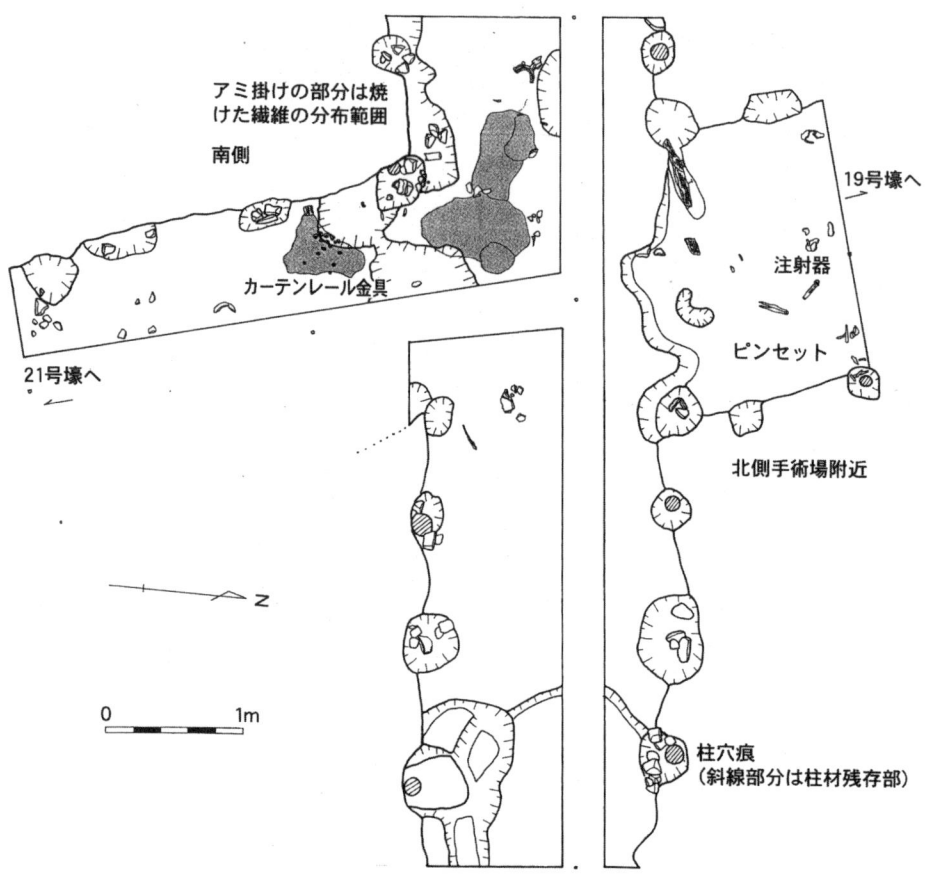

20号壕手術場付近の発掘状況図（「南風原陸軍病院壕群Ｉ」より）

であった。

　手術場の床面からはピンセットや注射器のほか、薬剤が入っていたガラス製アンプル瓶の砕片が多く散布している。この手術場の位置と使用状況については、ここで看護婦として勤務していた武村初子さんに壕内で証言をしていただいた。

　20号壕の床面の標高は、壕のほぼ真ん中の通路連結部分が一番高く、ここから双方の出入り口に向けて緩やかな勾配をもって下る。壕内からの排水を

Ⅳ　病院壕の文化財指定と保存活用の取り組み

考えた傾斜と思われるが、連結通路を挟んだ両出入り口までの傾斜角度は西側で約2°、東側で約10°と異なる。また、20号壕から19・21号壕へ向かう連絡通路は、19号壕へは急な上り、21号壕へは逆に下りになっており、3壕の床面標高は掘削された地形に応じて異なっていた。

　20号壕および連絡通路の壁や天井、床面は、仮設の東側出入り口から中央連絡通路の手前部分までを除いて、全面的に黒く焼け焦げている。壕内から検出されたガラス製品の中に、焼けて変形した瓶類が多く認められることと合わせ、壕内で火災が起こったことがわかる。これは米軍の火焔放射器による攻撃の可能性が高い。

　なお、中央通路連結部分から東側へ1メートルほど入った辺りの黒く焼けた天井には、「姜」あるいは「菱」の文字が残されている。武村さんによると、この文字が記された天井の下に作られていたベッドには、韓半島出身の「ベン」という名前の兵隊がいたという。

　20号壕の床面に堆積した土は、基本的に天井や壁面の崩落土である。しかし、陥没した両入り口には壕口を塞ぐようにして外から流れ込んだ土が堆積する。堆積土は薄い部分で約10センチ、平均して20～30センチである。堆積土の最上層には天井や壁面の崩落土や壕外からの流れ込み土があり、取り除くと焼けた繊維製品や木材、ガラス瓶などの遺物を含む焼土層が現れる。その厚さは1～2センチから数センチである。

　その下には粘質が強く、踏みしめられて汚れたクチャ土とニービ土が混ざった層が広がる。ここは沖縄戦で壕を使用していた時期の床面と考えられる。この床面の上に堆積していた遺物混じりの焼土層は、壕からの撤退後、壕内で火災が起きた時に堆積したものと考えられる。壕使用時期の床面をさらに掘り下げると、坑木を埋め込むための壁際の穴や、掘削によってできた凸凹がある岩盤面が確認できる。この面は壕を構築した時の作業面と思われる。

　これらを見ると、壕内の床面には下から、①壕構築時の掘削面、②壕使用時の床面、③壕内で火災が起こって焼け落ちた際の崩落土による堆積層、④沖縄戦後、次第に流入、堆積した埋没層が確認できる。

　しかし、発掘調査の結果からみると、壕内の大部分で堆積層の順に関係なく、最上層から岩盤面まで一気に掘削した痕跡がある。これは戦後の遺骨収

集作業で、遺骨や遺品を探して一気に掘り下げた跡である。掘り返された土の中には、ボタンや銭貨をはじめとして多くの遺物が混じっている。これらは壕の床面近くにあったと思われるが、このような出土状況のため、もとの出土位置やほかの遺物との関係などについてはまったく確認できない。考古学でいえば、後世の人によって本来の情報が撹乱された遺物となっている。

　陥没して埋まった両出入り口は、東側で約10メートル、西側で約15メートルの範囲で発掘調査を行った。床面に残された坑木を立てるための穴の位置から復原すると、東側出入り口は約5メートルにわたって天井部が崩落していて、その前方に天井のない約5メートルの通路がある。通路はやや南に曲がり、両脇には壕を掘削する際に掘り出した土を土手状に盛り上げている。土手の高さは壕内部の天井とほぼ同じで、その上に樹木などを架けて、上空からは壕の出入り口であることが解らないような擬装をしていたと考えられる。通路の前方正面には、外からの視界を遮るとともに、万一、入り口周辺で爆弾が爆発した場合、壕内へ爆風が直接吹き込まないように土塁を設けていたと思われるが、痕跡がまったく残っておらず、確認できなかった。

　東側出入り口の前に作られた通路北側の土手には、長径4メートル、短径2.5メートルほどの穴が掘り込まれ、内部から薬剤や医療器材などが埋められた状態で確認された。薬剤は200点以上で、消毒液、ヨードチンキ、生理食塩水、ブドウ糖液などと、ガラス容器に入った内容を確認できない注射薬がある。医療器材には顕微鏡、血液型検査用具、注射器、注射針、洗面器、ゴム管などがあり、ほかに石鹸箱や鏡、軍隊手帳、水筒などの私用品と思われるものも出土した。南部撤退に際して、持ち運べなかった資材を埋置したと考えられる。しかし、関係者からの聞き取りや戦史記録には認められない。

　西側出入り口も奥行き約5メートルにわたって天井が崩落しており、その前にやはり壕内から掘り出した土を盛り上げた通路が、約4メートル作られている。崩落した部分の壕床面は幅約1.8メートル、これに対して天井が残る部分の床幅は、ほかの部分よりもやや広く2.1メートルを計る。天井が崩落した部分に比べて、天井の残る壕内は少し幅広に作られていたことを示す。また、天井が崩落した部分の床面中央部分には坑木を立てた痕跡がないので、壕口から奥へ向かう5メートルほどには寝台がなかったことがうかがえる。

Ⅳ 病院壕の文化財指定と保存活用の取り組み

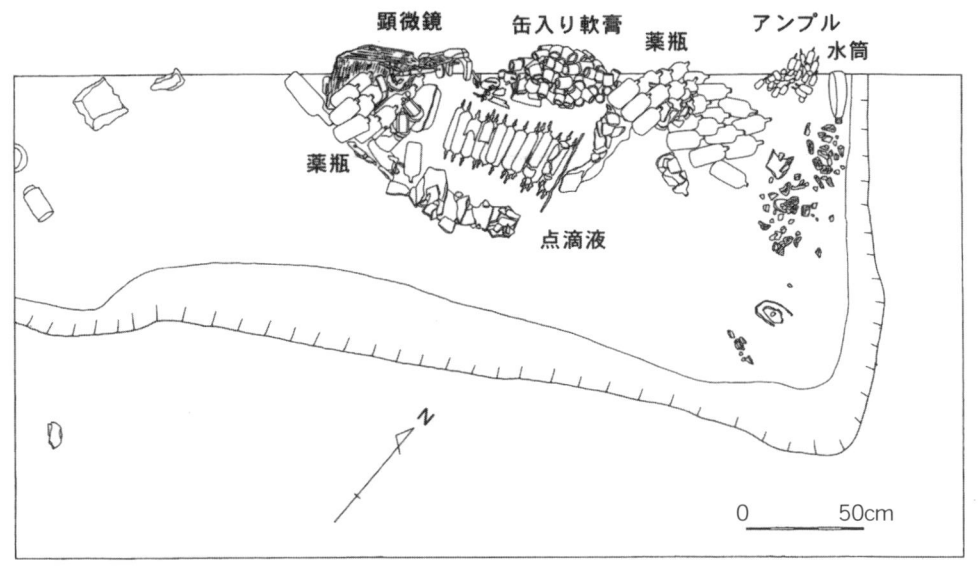

▲20号壕東側入り口脇の医療器材出土状況図(「南風原陸軍病院壕群Ⅰ」より)

▼20号壕東側入り口脇から出土した医療器材類(「南風原陸軍病院壕群Ⅰ」より)

寝台のない部分には、壕奥へ向かって左側の壁際に幅、深さともに約6セ
ンチの排水溝が設けられている。この排水溝が壕口近くまで延びた部分に、
直径30センチ、深さ20センチほどの円穴が掘られていて、集水枡と考えられ
る。排水溝の中からは、未使用のものを含む長さ5センチほどのアンプルに
入った薬剤が10数本出土した。
　壕奥へ向かって右側の壁面には、壕口からすぐ外に出た位置に奥行約1メー
トル、幅約60センチの小空間がある。発掘調査の際、床に石灰の塊があった
ので、便所か屎尿を入れるための桶が置かれていた可能性を想定した。
　しかし、聞き取り記録などではそのような施設を確認できない。天井がな
く、両脇を盛り土による土手で作られた通路は、遺骨収集の際の重機による
掘削を受けている。このため床面も壁面もかなり削り取られているが、ほぼ
まっすぐに4メートルほどで前壁のような盛土にぶつかり、そこから南に細
く曲がって壕外に出る構造になっている。南に曲がる部分の床幅は50～60セ
ンチを計る。重機による削平のため、壁がほとんど残っていないが、おそら
く逆台形の溝状通路だったと思われる。同様の通路は盛土の北側にもあった
と予想できるが、発掘調査で確認することはできなかった。

❖第一外科24号壕の考古学的調査
　24号壕は南北に長い黄金森の主尾根から、南東方向に派生した尾根の1つ
に掘削された壕である。第二外科壕群の19・20・21号壕とは谷間の平場を挟
んで向かい合う位置にある。
　米軍の沖縄島上陸前後の時期に、ひめゆり学徒隊が使用していたことで知
られる。その際の壕は未完成の状態であって通気が悪く、映画「ひめゆりの
塔」では生徒たちが上着や風呂敷などを振って、壕内の換気作業を行ってい
た姿が描かれている。また、1945年5月4日には、米軍の艦砲射撃弾が壕入
り口部分を直撃して、掩体が吹き飛ばされ、周辺にいた女生徒を含む14～15
名が犠牲となった記録が残されている。
　現在は出入り口部分の天井が崩落し、内部へ出入りすることはできなくなっ
ているが、2000年頃まではかろうじて内部へ入ることができたので、1995年
に内部実測調査を実施した。

Ⅳ　病院壕の文化財指定と保存活用の取り組み

　また2003年には出入り口部分の試掘調査を行っている。
　壕は丘陵の斜面下方に向けて設けられた約5メートルの出入り口通路から約60°の角度で曲がり、奥行き35メートルほどで壕奥に突き当たる。壕奥部分は左に曲がり、4メートルほどの地点で行き止まる。ここに螺旋状（らせん）に下る径1メートルほどの細い通路が掘られていて、23号壕と連結している。23号壕はほとんど埋没していて、詳しい観察はできない。
　23号壕と24号壕の床面の高さには約3メートルの差があり、連結部の螺旋状通路には数段の階段が設けられている。現状でみる限り、この螺旋状通路は計画的に取り付けられたとは言い難く、24号壕と23号壕を無理やり連結するために設けられた可能性が高い。何らかの計画変更、もしくは掘削中の手違いによって、このような構造になったと考えられる。このため螺旋状通路を利用して両壕間を行き来するには、23号壕内に昇り降り用の梯子状（はしご）設備を設ける必要があった。
　なお、24号壕内には現在の出入り口から19メートルほど入った左手に、23号壕と結ぶもう1つの連絡通路がある。しかしこの通路も、24号壕側から下りながら2メートルほど入った部分で埋没している。これらの通路部分を含めて、24号壕が掘削された丘陵の土質は主に泥岩（クチャ）層のため、天井および壁面の崩落が激しい。また、床には崩落土が厚く堆積していて、連結部の様子については詳しく観察ができない。
　比較的残存状態のよい部分で計測した24号壕の幅は、床面で1.8メートル、天井部で1.8メートル、高さも1.8メートルほどで、20号壕とほぼ同じ規模である。また、壁面の約90センチおきに坑木を立てるための幅20〜30センチのくり込みも、20号壕と共通している。くり込みの床面部には坑木が残存している部分もある。壕床面は入り口から奥に向かって、平均して2°の傾斜で高くなっていて、ここでも排水に対する配慮が見られる。さらに壕最奥部から4メートルほど手前の右側には幅1.4メートル、奥行き1メートル、高さ1.5メートルの小空間があり、このような小空間を持つ点も、20号壕に類似する。
　24号壕出入り口周辺は、本来の床面の上に崩落した天井部分の土砂が約2メートル堆積していた。これを取り除くと、標高42.4メートルの位置に戸板のような板材があり、その手前から壕床面の構造物と思われる角材や、壁

面に掘り込まれた柱穴、排水のための溝が検出された。

　出入り口部は、壕が掘削された丘陵の斜面下方に向かって5メートルほどの位置に開口する。この出入り口の屈曲部分には南北方向に細長い長さ約4メートル、幅1.5メートルの大きさの不定形に広がった穴をニービ（微粒砂岩）の岩塊を積んで埋め、表面をクチャ（泥岩）とニービの混合土で整えて、床面と壁面の補修を施した痕跡が認められる。これは米軍による爆撃で生じた砲弾跡を補修したものと判断できる。聞き取り記録にある、壕入り口部分への艦砲射撃直撃弾の痕を補修したものの可能性が高い。

　確認した5メートルほどの壕出入り口部は、床幅約1.5メートルで、そこから壕奥側へ折れ曲がった部分4メートルほどの間の床幅は、1.8メートルほどであった。壕の出入り口はやや小さめに作り、壕内へ向かう屈曲部からはやや広げて、1.8メートルに作られていたことがわかる。壕床に向かって右側の壁際に沿って、幅30～40センチ、深さ約20センチの溝が作られている。溝は壕出入り口の壁面積み土の残存部分よりさらに前方まで伸びていることから、元の壕出入り口はこの溝の先端辺りまで延びていたと考えられる。

　これを手がかりに復元すれば、24号壕の出入り口は、壕を掘削した斜面を削って整形して左側の壁面を作り、右側の壁面は壕内からの掘削土砂を盛り上げ、その壁際に排水用の溝を作り付けた構造となる。したがって、壕出入り口から壕内を、直接のぞき見ることはできない。また壕出入り口には天井に横木を並べて覆うなど、何らかの擬装が施されていたと考えられる。

　24号壕の構造が20号壕と同様に作られていたとすると、壕内は中央に柱を立て、左右のどちらかに寝台を作っていたと考えられるが、24号壕の出入り口部分の床面の板材は、異なった構造に作られていた可能性を示している。ただし詳細については、壕内の発掘調査を行っていないため、良く解らない。なお、試掘調査を行った出入り口部分の床面や溝からは、砲弾の破片の鉄片やビール瓶、板材片などが出土している。

　24号壕では現況確認のために行った試掘部分の実測作業後、遺構に関わると判断される部分は、床面の敷居状角材や床面の戸板状板材を含め、すべて原位置で埋め戻し、保存した。今後、これらの調査知見を総合し、どのような保存整備活用が望ましいのかを検討する必要がある。

Ⅳ　病院壕の文化財指定と保存活用の取り組み

❖考古学的調査の成果と課題
◆考古学的調査の成果

　戦後半世紀以上が経過し、沖縄陸軍病院壕南風原壕群のほとんどは地中に埋没してしまった。これまでに戦争体験者の聞き取り記録や戦後の遺骨収集時の記録などがあるとはいえ、沖縄戦の際に40基近くが掘削されていた壕群について、現況ではその位置や構造を明確にすることが難しい。このような状況を踏まえた上で採用された考古学的手法による調査の結果、地中に埋もれた壕の位置や構造が次第に明らかになりつつある。

　中でも南風原町が史跡指定した第一・二外科壕群は、これまでの調査で第二外科壕群のほぼすべての壕（16〜22号壕）の位置が確認された。ただし、壕の大半は壁面の崩落や天井の陥没によって地中に埋没していることから、全面発掘を行った20号壕を除いて、壕の構造や遺存状況を完全に把握するには至っていない。

　また、第一外科壕群は、測量調査および一部試掘調査によって、7〜9号壕、23・24号壕の位置が明らかになり、23号壕に隣接する壕番号不明の壕1基を確認した。地形測量調査図によると、このほかに壕と思われる数基の陥没を確認しているが、これまで通称されている壕番号のどれに相当するものかは不明である。

　南風原陸軍病院壕群で構築された壕の多くは、素掘りのトンネル状である。幅、高さそれぞれ約1.8メートルを基準とし、90センチおきに壁際の柱とその上に構架された横梁を設ける。出入り口の前には目隠しと爆風避けのための盛土を設け、入り口周辺には擬装を施していたと考えられる。壕内床面は、壕構築段階、壕使用段階、壕放棄段階、そして壕埋没段階の情報が層序的に確認されるが、遺骨収集作業などによって、大きく掘り乱された場所も多い。

　良好に残っている場合、壕使用段階には薬剤のアンプルを踏みしめた床の状態や、焼け焦げたガラス瓶や繊維製品などが散乱する壕放棄段階の床の状態などが確認できる。また壕の壁や天井に残された文字や、火災による焼けた痕なども明瞭に観察される。

◆今後の課題

　南風原陸軍病院壕群の考古学的調査を開始して、20年近くが経過した。これまでの調査で、戦争遺跡について考古学的手法を用いた調査を行うことの有効性は充分に確認されたと考えられる。しかし、時間的制約や調査の進め方の都合により、すべての壕の位置や構造を確認してはいない。中でも、本部壕群や第三外科壕群は、ほとんど手付かずの状況で、今後の取り組みが必要となる。この点は、調査に関わってきた琉球大学考古学研究室と、壕群を所管する南風原町教育委員会との間の継続的な連携が望まれる。

　しかし、今後の取り組みについては大きな課題も存在する。それは南風原陸軍病院壕群がほとんど崩落し、陥没していることに起因する。20号壕のように壕内部への出入りが可能な状態で残っている場合を除き、埋没した壕を詳細に発掘調査するとなると、崩落や陥没による埋土を除去するだけではなく、調査に従事する要員の安全確保のために壕床面を白日の下に露出させることを含めた、調査以前の大規模な保全作業が必要となる。これは南風原町が実施した津嘉山司令部壕群の緊急調査などで、すでに経験してきたことである。このような調査には充分な予算が必要と同時に、壕周辺の景観を大きく変更する土木工事作業が伴う。

　このことからすれば、史跡指定を行ったことで、埋没した壕が今後破壊される可能性がほとんどない沖縄陸軍病院南風原壕群の場合は、発掘調査を行うだけではなく、これを現状のまま保存し、将来に伝え、活用する方法を模索することが重要であろう。このようなさまざまな活用手法を考える中に、私たちが沖縄陸軍病院南風原壕群から何を学び、どのように未来に伝えるかという問いに対する答えが秘められているように思われる。私たちはこのような問いかけを続けながら、今後の調査を進めなければならない。

【参考文献】
・「南風原陸軍病院壕群Ⅰ－沖縄県南風原町所在南風原陸軍病院壕群の考古学的調査報告書Ⅰ」『南風原町文化財調査報告書』第3集　2000年
・「南風原陸軍病院壕群Ⅱ－沖縄県南風原町所在南風原陸軍病院壕群の考古学的調査報告書Ⅱ」『南風原町文化財調査報告書』第6集　2008年

Ⅴ
20号壕の整備は
どのように行われたのか

―――― 上地 克哉

※――コラム

「ゆうれい」

　かつて、陸軍病院として使用された南風原小学校（南風原国民学校）は、「ゆうれい」の名所であった。

　宿直の先生が、夜中に校舎内を巡回しているときに、白い服装の人を見かけたとか、トイレに入って紙がなくて困っているときに、便器の中から紙を差し出してくれたとか……。ゆうれい話に事欠かなかった。

　喜屋武の人が、夜、那覇からの帰りに、兼城でバスを降りて家に向かっていると、南風原小学校あたりで雨が降り出した。傘がなく困って歩いていると小学校の角のあたりで、「どうぞ」と傘に入れてくれた人がいた。世間話をしながら家まで送ってくれたのだが、別れ際、お礼をと思って顔を見たら、白い包帯を巻いた、陸軍病院ですでになくなった親戚の人だったという。

　陸軍病院として使用された南風原小学校では、兵士の火葬がよくあったという。幽霊は、もしかしたら彼らの亡霊なのではないかと思う。

（大城和喜）

❖泥岩層に構築された壕の体質

　戦時中に構築された壕は、南風原町内だけでも無数にあったと思われる。

　南風原町の地質は、泥岩層や砂岩層で、500万年前という太古の昔に中国大陸から流れ出た泥が海中で堆積してできた地層である。その上層に、数十万年前にできたといわれる珊瑚石灰岩が形成されて隆起したのが沖縄本島の成り立ちといわれている。しかし、南風原には石灰岩が厚く発達しなかったようで、現在でも町内で石灰岩を目にすることは稀である。

　石灰岩が発達している地域、たとえば南風原町以南に位置する南城市や糸満市には、大小さまざまな鍾乳洞がある。鍾乳洞は「ガマ」という呼び名で知られ、戦時中には住民や軍隊の避難所として使用されてきた場所である。その「ガマ」は、南風原町内では字新川に1カ所（帽子クマーガマ）しかないため、あとは身近な丘陵地の泥岩層や砂岩層に人工的に構築した壕が、住民や日本軍の避難場所となった。

　泥岩層は比較的軟らかいため、掘りやすいという特徴がある。沖縄戦当時、南風原町字津嘉山の日本軍陣地構築で、100メートルの壕をたった1カ月で掘った（掘らせた）という元日本兵の手記がある。それは、丘陵の両側から互いに勝負させて、相手方は何メートル掘り進んだから、お前等はもっと頑張れと、昼夜を問わず働かせた結果なのだが、これで1日に縦横約1.8メートル四方を1.6メートルずつ双方が掘り進め、1カ月で100メートルの壕を貫通させたのである。

　泥岩層は掘りやすい反面、崩れやすい難点もある。特に一度空気に触れた面は、急速に風化が進み崩落が加速する。そのため、開発工事に関連する発掘調査で、記録保存を前提として調査する際は、安全性を確保するために、壕の天井面全部と壁面の半分を除去して調査に取りかかることにしている。

　当時、日本軍が構築した壕の多くは、縦横約1.8メートル四方なので、壁は床面から1メートルを残して取り除く。発掘調査は屋外で時間のかかる作業なので、堆積した土を掘り出して床面に散在している遺物を検出し、出土状況を記録する段階になるまでには、風雨にさらされた壁面には大きな亀裂が入り、いたるところで崩落する状況になる。その中で作業を進めるにはリ

Ⅴ　20号壕の整備はどのように行われたのか

スクが大きすぎるため、壕の上部構造を除去した上で調査に取りかかっている。

　以前、土地区画整理事業区内の造成工事中に日本軍の壕が出てきたため、連絡を受けてすぐに調査を開始した。天井は落盤しているので、せめて壁面は残存しているすべてを残しながら掘り進め、床面にある遺物の出土状況とともに、立面図や断面図として記録に残したいという、発掘調査に携わる者であれば当然の考えで調査に当たっていた。

　しかし、調査開始から4、5日たったある朝、現場に着いてみると、壕入口付近の2メートル以上立ち上がった壁面沿いに片付けてあった一輪車が、見事に「く」の字に折れ曲がっていた。犯人は、壁面上部から落ちてきた1立方メートル程の泥岩の塊だった。もし、これが作業中に起こっていたらと思うと、背筋が冷たくなった。

　これがきっかけで、泥岩の風化による脆弱（ぜいじゃく）さを思い知らされ、以後、安全には特に気をつけるようになり、大げさかも知れないが「命あっての調査」であることを実感し、調査方法も安全を第一に考慮した手法を採っている。

❖整備前の20号壕

　黄金森の陸軍病院壕群は、戦中から戦後にかけて外部からの影響を強く受けて変化してきている。

　まず、戦時中には米軍の砲爆撃によって落盤がおき、火炎放射攻撃で壕内が火災になった。終戦直後には、周辺の人々が資材や薪材として利用するために、壕を支えていた坑木類を抜き取ったため、壕の落盤が加速していった。その後、1970～80年代に当時の厚生省が行った遺骨収集作業は、落盤して位置が不明になっている壕を探すために、大型重機で一帯を大規模に掘り返しながらの作業であったため、丘陵斜面の地形を大きく変貌させてしまった。

　その中にあって、比較的保存状態が良好であった20号壕も、出入口部分は遺骨収集時に重機掘削の影響を受け、本来の壕口から内部へそれぞれ10メートル以上も破壊されていた。また、壕内の中央部から東側出入口側一帯では自然崩落によって、天井面が1メートルほど落盤した状態であった。壕内は、東側半分が泥岩層、西側半分が砂岩混じりの泥岩層であるため、東側より西

天井が崩落して、床面に土砂が堆積している

側の方が強固で、保存状態も断然良好である。前述した通り、東側は崩落が著しいが、西側はほぼ当時の様相をとどめていた。

20号壕は、1945年5月末、日本軍の南部撤退後に米軍によると思われる火炎放射攻撃によって内部が焼き払われ、壕の支柱である坑木なども多くが焼失した。戦後になると、焼け残った壕内の材木を収容所や避難先から帰って来た周辺地域の人々が、薪や建築資材として持ち出したため、支えを完全に失った壕の内部では、天井面や壁面の一部が崩れ落ちた。

20号壕の遺骨収集後は、西側の出入口は保存のために盛り土によって閉じられたが、東側出入口は戦中から戦後にかけて落盤したと考えられる天井面の隙間に設置された木製の扉に施錠し、見学の申し込みがあれば鍵を貸して、「自己責任」で壕内を見学することが1996年まで続いた。

その間、心ない立ち入り者もいて、特に壕内中央部の十字路天井面や壁面には、釘のような道具で彫られた英語の落書きが無数に刻まれていた。また時には、出入口の柵の隙間から入り込んでの行為だろうが、ところどころ床面が掘り返されていることもあった。遺骨収集か遺留品捜しが目的と思われるが、無断でこのような行為をすることは好ましくない。

希望者による自由見学を可能にしていたが、1996年に北海道のトンネル崩落事故を契機に、壕内の特に天井面の危険箇所をチェックしたところ、東側出入口（この頃は、天井部が崩落した部分から潜り込むようにして壕内に入っていた）天井面の岩盤に危険度の極めて高い亀裂が確認されたので、その日以降の壕内への立ち入りを禁止した。それ以来、2007年度に一般公開されるまでの11年間は、調査以外では人の進入を許さない状態が続いた。

❖ 整備直前の発掘調査

2006年に実施した20号壕整備工事の前に、同年8月から翌07年1月まで、壕内部及び東西出入口部分の発掘調査を行った。

内部の調査は、2005年3月に琉球大学の協力による調査で、西側出入口側から壕中央部の19、21

建築用足場の下での作業風景

号壕へとつなぐ十字路部までが完了していたので、それを引き継いで十字路部から東側出入口側への調査を実施した。

この一帯の土質は泥岩層のため、天井面や壁面の崩落が著しく、床面にはその堆積土が30〜40センチの厚みであった。堆積土には土壌化したものから40センチほどの大きさの塊まであり、60数年の時間とともに次第に崩落が進んでいることを物語る状況であった。そのため、崩落の危険性が高いことから、調査では特に天井面からの崩落に対応するため、建築用の足場を組んで、その下で発掘作業を行った。

壕内の堆積層については、琉球大学の池田榮史教授の記述通り、上層から「天井や壁面が崩落して堆積した層」、次に「遺物を含む焼土層」、「粘質が強く、踏み締められて汚れた層」、最下層は「岩盤面」が検出された。これらは、それぞれ壕構築時の掘削面、壕使用（生活）時の面、壕撤退後の火災を示す面、そして戦後の崩落による堆積土という具合に形成されていることが確認できた。

しかし、これらの様子をとどめている場所は調査範囲内の一部だけで、ほとんどは層を成さずに撹乱された状況だった。これは戦後の遺骨収集作業時に掘り起こされたものと思われる。撹乱層の中からは、下顎骨や前腕、指の骨、小破片の焼けた骨など、遺骨収集で取り残された人骨が少なからず出土した。また手榴弾や小銃弾が出土するなど、病院施設でありながらここも戦

場だったことを痛感させられた。

　西側出入口の調査は、2004年3月に琉球大学が調査した場所を再確認しながら調査面を広げた。入口部分の天井面のない壕外通路部分は、琉球大学の調査でそのほとんどは確認されていた。しかし、戦後の遺骨収集後に壕内の密閉を目的として埋め戻された壕口部分の調査がまだだったので、この部分を調べると、天井面を有する壕口部の壁面は、その前後する範囲の床面同様に遺骨収集時の重機掘削によって削り取られていたり、大きな亀裂が入るなどしていた。保存状態はとても悪く酷いものだった。

　また、支えになる壁面の状態が悪いと必然的に天井面の状態も悪くなるもので、特に天井側の壁面は両側とも崩落の危機にあった。その状況は、岩盤に亀裂が入って80〜100センチ大の岩塊となり、今にも崩れ落ちそうな状態になっていたため、調査中は壕内同様の建築用足場を設置して安全対策を行った。また、亀裂のある岩塊は建築用のサポート材で押さえつけるなどの措置をとって、安全を確保した上で作業にあたった。

　東側出入口も、西側同様に重機による掘削痕が床面には残されていたが、壁面はほぼ当時の様子をとどめており、天井部を有しない壕外の通路部分まで一部の壁面は残存していた。しかし、こちらも壕口の天井部は内部から外部に向かってラッパ状に開く形で、戦後の重機による掘削痕が確認された。重機の爪痕の残る床面からは、戦時中のビール瓶や磁器製のお碗など、遺骨収集時に取り残したと思われる遺物が散在していた。

　調査期間中は、東西の出入口が貫通した状態で作業を行ったため、11月には寒風が壕内の冷気とともに通り抜け、沖縄といえども昼間でも凍えるような毎日であった。

❖整備工事―机上の計画と現場の現実

　1996年、「保存・活用」についての答申、さらに2003年には「整備・公開」についての答申がなされ、この答申にもとづき、町で進めてきた黄金森公園整備事業の中で、「体験施設」として位置づけ、2005年度に20号壕の整備に係る設計業務、2006年度には20号壕の整備工事を実施した。予算は6900万円（内訳：国庫補助金50％、町債45％、町一般財源5％）である。

V　20号壕の整備はどのように行われたのか

■工事の進め方
工事の流れは次の通りであった。
①パイプひずみ計（5カ所）設置（20号壕が所在する丘陵全体の地滑り観測用）
②出入口の上部外壁面にアンカー杭打設（壁面崩落防止のため）
③排水パイプ設置（内部の既存排水溝を利用）
④H鋼の設置箇所と形状を決定（模擬H鋼で位置と形状を確認）
⑤H鋼の補強材を設置（各所オリジナル形状で製作されたH鋼を内部崩落部の補強材として設置）※東西壕口部と十字路の天井部分は落盤の危険性が高いため鉄板を用いて補強
⑥H鋼同士を10センチのH鋼とワイヤーメッシュでつなぐ（H鋼同士の連結と発泡ウレタンの固着を助けるため）
⑦荷重計（6カ所）・変位計（7カ所）・防災機器（3カ所）等の設置（壕内部の天井・壁面の崩落・剥離を観測）
⑧壕内床面に養生シートを敷く（床の遺構面保護）
⑨養生シートの上に観測機器類の配線を管理室まで這わせる（荷重計・変位計・防災機器）
⑩東側出入口にボックスカルバートを設置
⑪床面をソイルセメントで覆う（養生シート上の配線を覆う）
⑫発泡ウレタン注入・吹き付け（H鋼と壕壁面間に施工して崩落を抑制）
⑬H鋼・発泡ウレタン補強箇所の塗装

　工事は、事前に度重なる協議の上で策定した設計図にもとづいて着工したのであるが、実際に現場に立って整備を進めてみると、そう簡単にいくものではなかった。
　整備の設計図は、20号壕の現場で考古学的手法を用いた測量調査で図化された実測図にもとづいて描き起こされたものであるが、それはあくまで机上で描き上げられた線としての計画であった。実際の現場には壕の実態が待ち構えていた。
　図面は二次元という平面上で成り立っているが、現場は実体のある三次元世界である。特に、壁面を押さえつけて崩壊を抑止する役割をもつ鋼材（H

125

鋼）の設置では、図面上において設置は可能であるが、実際には壁面のいたるところにデコボコがあるため、鋼材が設置できない状況になっていることもあった。

図面では、床面と壁面、壁面と天井面それぞれの境界を示す稜線（りょうせん）が描かれているが、それ以外は空白となっているため、図を見る限りでは設置可能なのである。しかし、実際に現場に立つと、壁面だけでも崩落したところや当時の状況をとどめているところが交互に連続する形になっており、面は一定せずデコボコしたものになっている。そのため、柱となる鋼材を設置する際は、残存しているオリジナルの壁面を傷つけないように、また床面から立ち上がる壁面部のオリジナル面を破損しないように、最善の注意を払いながら鋼材の設置作業を進めていった。

工事を請け負った業者さんは、設計図通りに工事を完成させることが第一の使命である。しかし、先に述べたように、図面通りの位置に鋼材を設置できない状況があらかじめ確認された場合には、設置できる場所つまり遺構に差しさわりなく、安全性が十分確保できる位置に変更して設置する必要がある。したがって、次のような手順で作業することになる。

■作業の進め方
①当初の設計図面
②現地で確認・検討
③鋼材設置位置の変更
④設計（耐力—構造計算）検討
⑤設計変更
⑥現場設置工事

壕内の鋼材用型取りの風景

V　20号壕の整備はどのように行われたのか

　変更がなくて当初通りの位置に設置が可能であれば、①から⑥へと飛ぶ手順になる。当初設計図通りの工事が可能か、変更が必要かでは、工程に大きな差が生じる。特に当初図面では設置ができずに位置を変更するとなれば、位置をずらした場所における再度の強度計算も必要になってくる。
　また、指定された規格の鋼材の耐力の限界値もあるため、鋼材間の距離にも注意を払わなければならない等々、変更があるたびにその都度確認しながら1つひとつ現地で位置を修正決定して、その場所に合うような形状で型取りをやり直して鋼材を設置していった。
　中には図面の修正だけではなく、補強材の変更もあった。当初は鋼材を使用する予定であったが、工事中に小規模の崩壊が起きた東側出入口については、より強固なコンクリート製のボックスカルバート(地下道や配水管として使用する資材)に変更するなど、現状に応じて弾力的に整備を進めた。
　20号壕の整備工事では、このような変更作業が多く発生したため、設計担当者をはじめ、現場をあずかる施工業者、町の公園整備担当者が大きな労力を払ったが、工事も無事に終了した。そして公開後も、整備における構造的な異常は確認されずに良好な状態で現在を迎えている。これは常に4者(設計担当・工事業者・町公園担当・町文化財担当)が、思いを1つにして協議を重ねて業務にあたったというチームワークにほかならない。

❖下請け業者がいない

　20号壕の整備工事は、町の都市整備課による黄金森公園整備事業の中で実施された。2006年6月の工事発注には、16JV(共同企業体)の32社が指名され、入札の結果、有限会社沖島建設と有限会社大翔建設の2社JVが受注し、6月末から3月までの工期で20号壕における工事が開始されることになった。
　通常、工事を請け負った元請け業者のもとには、業種ごとに専門の業者が下請けを申し出てくる。工事の規模が大きくなればなるほど下請けの業者の数も多くなるが、悲惨な出来事があった壕の整備工事ということで、ここで亡くなられた多くの戦没者の「祟り」を恐れた関係業者が、工事に関わることを避けたため、今回の工事については1社も協力を申し出なかった。
　そのため受注者側の業者はたいへんなご苦労をすることになったのだが、

発注者側の南風原町（特に文化財担当）からすると、逆にありがたいことであった。それは、工程会議で話し合って確認したり、現場で調整したことが齟齬なく、確実に実行されるというメリットがあったからである。これまでの黄金森公園整備事業でも、点在する各壕と公園施設の整備工事との間で、事前に情報提供など調整することはしてきたが、大抵が受注業者側の作業末端にいる下請けや孫請けの作業員さんたちには、情報が行き届いていないために、壕などの遺構が破壊の危険にさらされたことが何回かあった。

　また、今回の整備工事では鋼材を多用した。壕内及び両出入口部分の保護や補強には、H鋼を組み合わせて用いたが、H鋼同士の連結にはボルトによる接合方法と、溶接による接合方法の双方を使用した。溶接などの作業であれば、通常は鉄工所関係の技術者が応援に来るようだが、これもやっぱり協力者はいなかった。しかし、幸いなことに請負業者の社長は下積み時代に鉄工所で修行をしていたこともあって、H鋼の溶接作業はすべて沖島建設の社長自らが行い、作業を完了させたのである。「芸は身を助く」の実践であった。

　そして、「祟り」などがないことは、工事が無事に終わり、関わった人たちの健康もいたって良好ということで証明することができるだろう。戦争によって亡くなった人たちが後世の私たちに一番伝えたいことは、「二度と戦争をしてはいけない」というメッセージではないだろうか。

　ここで亡くなられた多くの方々は、人類最大の過ちである戦争を追体験する施設として壕が整備され、活用されることに対して、喜んで見守っていてくださるのだと常に考えながら整備に取り組んできた。

✤人力が頼りの作業

　通常の工事では機械力がものをいう。たとえば、重い材料や道具類の運搬にはクレーン車やユニック車、土の掘り起こしにはバックホウ（ユンボ）などといった重機が活躍する。しかし、壕内は縦・横が1.8メートル前後の狭い空間で、おまけに崩落の危険性もあるため、重機による振動もさることながら、重機類が入るスペースさえないのである。そのため、必然的にすべての作業は人力で、体力と知恵・応用力こそが頼りの作業であった。

V　20号壕の整備はどのように行われたのか

　壕内の十字路から出口にかけて（当時、負傷兵の寝台があった場所）は、戦後の崩落が激しい場所であった。見学者が安全に通ることができるよう、鋼材を壁面から天井面にかけて「門」の字型に設置して補強するのである。
　壕は、多くの人がツルハシやクワなどによって、一振りひと振り土を突き壊しながら人工的に掘り抜いた空間であるため、壁面や天井面の成形は一定ではない。それと合わせて、地層の脆弱そうな所や崩落の著しい場所など、補強すべき箇所に合わせて直線的な鋼材で補強するので、双方の隙間を最小限にするためにそれぞれの設置箇所を詳細に計測して、各箇所に合致するようなオリジナルの鋼材を加工する必要があった。
　その鋼材というのは、一辺20センチの断面形がH型になるH鋼と呼ばれるもので、長さが1.5メートルほどのものが両側壁面に2本と天井面に1本、そしてその3本を連結する斜め上方向に50センチほどのH鋼が2本、全部で5本のH鋼それぞれをボルトで繋ぎ合わせる。
　H鋼は1本の重量が70〜100キロもあるため、業者さんたちは2人1組でこれを天秤棒に1本ずつ吊して壕内に運び込み、5人がかりで各設置位置に組み立てていく。
　壕内で「門」の字型にH鋼を設置する箇所は22箇所にも及んだため、作

H鋼組み立て作業

業は想像以上の労力を必要とし、業者のみなさんにはたいへんご苦労をしていただいた。
　また東側出入口部分は、壕口の上部壁面を盛り土して養生する計画のため、その盛り土の重量に耐える強度がある資材が必要になる。そこで、ボックスカルバートという地下道や下水道などに使用される資材を用いることになった。しかし設置箇所はといえば、事前の発掘調査で戦後の遺骨収集作業時に、

重機が床面を破壊した状態のままで、床面には重機の爪痕が痛々しく残ってデコボコしている。

　この現状と辛うじて残存している当時のオリジナル部分とを保護するために、ビニールの養生シートを敷いてセメントで覆い、その上にボックスカルバートを設置することになった。ところが、長さ２メートルのボックスカルバート４個を繋ぎ合わせたり、破壊されていびつになった壕口にピタリと設置する良い方法が考えつかずに苦慮していた。

　それを可能にしたのが請負業者の島袋社長だった。７、８トンもの重量があるコンクリート製のボックスカルバートをテコの原理を使い、資材や機械を上手く利用して壕口にすり合わせて接合させ、さらに２本、３本と繋ぎ合わせたのである。この作業を間近で見ていて、長年の現場経験によって培われた知恵と技術を応用した作業結果は、見事というほかなかった。

❖オリジナルには手を付けない

　史跡を整備する場合、「壊さない」「うそつかない」「さびれさせない」という３つの原則があるといわれている。「壊さない」は、遺跡（遺構）として遺されてきたオリジナル面（部分）を改変しない。「うそつかない」は、調査成果に正確に整備・復元する。事実と異なるものを勝手に造らない。「さびれさせない」は、整備したならばしっかりと活用していくことだという。

　20号壕の整備を計画している話し合いの段階では、壕内部の十字路部分から出口側にかけては崩落が著しいため、補強用の鋼材設置方法として、崩壊して当時の様相をとどめていない壁面については、鋼材をはめ込むために削り込んで、壕内の通路は、壕が構築された当時の幅約1.8メートルを確保しようと、壕整備検討委員間では共通認識を持っていた。

　しかし、発掘調査をしてみると、確かに壁面も天井面同様に崩壊している箇所もあるが、全体が激しく崩壊しているのではなく、崩れて当時の状態をとどめていない場所もあれば、柱の坑木をはめ込むために切り込んだ戦時中の構造が残っている場所もあるなど、一様に崩れたとはいえない状況であった。さらに床面から壁への立ち上がり部分は、ほぼ全体が残存していることが確認されたことから、計画時点で予定していた工法は工事で使用すること

V 20号壕の整備はどのように行われたのか

なく、整備の基本である「壊さない」に従って、すべての補強用鋼材は壁面より内側の通路内に設置することとなった。

　このため、本来の壕内の幅は両側でそれぞれ20センチ以上狭くなり、往時の幅1.8メートルが1.4メートル以下になる場所も出てきた。見学に訪れた際にその狭小さに違和感を覚えるかと思われるが、将来的に鋼材を取り外す機会があるとすれば、そこにはオリジナルの遺構が残存しており、再度それを確認することができるのだから、これが最善、最良の策だったと、今振り返っても納得できるものとなっている。

❖鎮魂広場

　2003年の整備・公開についての答申では、黄金森公園内に「碑のある広場と平和創造の広場」の設置が提案されている。2007年、憲法9条を世界に広め平和を守る南風原町民の会によって、憲法九条の碑が建立されることになった。会と南風原町が建立場所の協議を行った結果、体験施設である20号壕と合わせて平和について学ぶことができる場所として、20号壕と24号壕との間の空間を整備して碑を設置することが決まった。町は、この場所を鎮魂広場として、黄金森公園の空間的施設の1つとして位置づけている。

　「憲法九条の碑」は、2つの大きな石が重なる形になる。そのデザインには「敗戦後の日本が自由と民主主義を得、9条の意を重く受け止めるように」との意味が込められている。

　上部の石に「憲法九条の碑」と横書きされ、下部の石の正面に日本語で「戦争の放棄」と9条の条文が記される。また、裏面には中国語・韓国語・英語による9条の訳文が記され、さらにその下には九条の碑建立の思いと目的が記されている。碑のデザインは新垣安雄氏、揮毫(きごう)は新垣智子氏、外国語訳は東京大学消費者生活協同組合平和プロジェクト、建立(こんりゅう)にかかる費用は、多くの町民からの寄付による。

　また、憲法九条の碑に隣接して「鎮魂と平和の鐘」も同時に建立された。鐘はフランス製のスイングベルである。固定枠はステンレス製で、その形状は手と手を組み合わせた祈りの形だが、指先の部分は平和の象徴であるハトが翼を広げた姿になっている。碑と鐘は2007年6月23日に除幕された。

憲法九条の碑と鎮魂と平和の鐘

2009年9月27日には、沖縄陸軍病院慰霊会（当時の沖縄陸軍病院職員と患者の生存者及び遺族で結成）によって歌碑が建立された。歌碑は、憲法九条の碑と鎮魂と平和の鐘に並ぶようにして設置された。歌は、第三外科で軍医見習士官として勤務していた長田紀春氏が詠み、遺族の宮里宏氏が揮毫、碑は慰霊会会員からの寄付に拠っている。碑に記された「鎮魂」と題された2つの歌を紹介しよう。

　　鎮　魂
　　額づけば　戦友葬りし　日のごとく　夜明けの丘に　土の香匂ふ
　　両の足　失なひし兵　病院を　探して泥道　這ひずり来たる

✤飯あげの道の整備

　現在の南風原文化センター前の飯あげの道や、文化センターから20号壕へと至る飯あげの道の整備状況については、多くの方が違和感を覚えていらっしゃるとともに、南風原町の姿勢や文化センターへのご批判があるのも事実である。それについて、これまでの経緯を記したい。

　南風原文化センターは、2009年1月まで黄金森の北側にあったが、町道25号線の拡幅工事で移転することになった。その場所が現在の黄金森西側の飯あげの道沿いである。南風原町は、県内他市町村と比較して町面積が小さい上に町有地も少ない。移転先は町の事業として整備が進められている黄金森周辺が有力となり、土地の確保ができそうな場所3案が候補に挙げられた。

　用地選定で重要となったのは、黄金森の生物学、民俗学、平和学的な資源と南風原文化センターとの相関性であった。これを総合的に考えた結果、現在地が最も適した場所と判断して、当該地を公園内に新規で取り込んで黄金

Ⅴ　20号壕の整備はどのように行われたのか

森公園内に建設することとなった。

　しかし、建設規模や建物の形状（丘陵の景観を損なわないよう平屋を選択）から現況の地形ではままならず、丘陵部を削るか盛り土造成するかの選択が迫られた。丘陵を削ってしまうと、基盤層である泥岩の性格から地滑りが誘発される可能性が高い。また黄金森丘陵の地形や植物などといった自然環境に影響が大きいということから、丘陵部には極力さわらないようにして低地を盛り土によって造成する方法が選ばれた。

　盛り土をすることで今度は飯あげの道の70メートルほどが埋まってしまうことになる。役場内では、字喜屋武の炊事場から黄金森へとつながる途中の県道をくぐって、トンネル状になっている部分（戦後、県道が飯あげの道の上を横断するようにして設置されたため、道はトンネル状に遺った）までも埋めてしまい、歩道橋で空中に渡した方がいいのでは、などの意見も出た。

　文化財保護委員会や文化センター企画運営委員会とも協議を重ね、どうにか県道下のトンネルを残して、そこから盛り土造成された地上に階段で上り出る方法で決着することになった。確かに当時の道は盛り土の下に埋まってしまうことになったのだが、そのルートの上面をたどる方法で飯あげの道を活用していきたい。

　また2009年には、新文化センターから20号壕への丘陵部を上っては下る部分の整備が行われた。これについても公園整備担当課と町文化財保護委員会、文化センターとが検討会議を重ねて出した結果──①文化センターから「悲風の丘」の碑を通り過ぎて丘の頂上部までは、戦後になってセメント舗装されていたものの上に石灰岩の石張りを設置する。②頂上部から20号壕へと向かう下り坂については、当時の様子を唯一とどめている場所であるため、現状保存する。③雨天時でも公園利用者が安全に歩くことができるように、新たに設置する歩道は、②の現道から距離を置き、景観を損ねないルートで新規に階段の通路を設ける──という３点を確認して整備が行われた。

　壕と同様、飯あげの道も当時のままを基本として、後世に遺していくことが望ましいが、壕の見学者以上に多い黄金森公園施設利用者が、安全に散策できるようにという公園管理者である町の責任において、整備が行われた。

【コラム】──「黄金森の埋葬人骨」

■日本軍兵士

　戦争によって焼け野原と化した黄金森の中でも、戦後いち早く木々が再生したといわれる場所が喜屋武シジであった。黄金森丘陵の南側に位置する標高74メートルの頂上部一帯を喜屋武シジといい、その周辺には戦時中、陸軍病院の守備隊が身を隠しながら移動するための散兵壕（交通壕）が構築されている。

　1994年8月、南風原町史編集委員会考古部会による発掘調査中、喜屋武シジ頂上部付近から旧日本軍兵士の埋葬骨が発見された。死因は不明であるが、1つの骨も欠損することなく完全体で検出された遺骨には、104点にもおよぶ所持品があり、鉄帽や防毒マスク、手榴弾などの装備品のほかに「大谷」と線刻された万年筆も携帯していた。

　遺骨を専門家に見てもらったところ、骨の成熟度や歯の磨り減り具合から年齢は20代前半、身長は162、3センチの男性であることが分かった。また、前歯左上には金歯、右上には銀歯という特徴を持っていることが判明した。

　遺骨は、発見当初から沖縄テレビ（OTV）の全面的な協力によって遺族捜しが行われた。まず、携帯していた万年筆の「大谷」姓をもとに

喜屋武シジに埋葬されていた日本兵

戦死者を割り出したところ、北海道から宮崎県までの32都道府県で、93名の方が沖縄戦で戦死していることが判明した。そこから年齢や身体的特徴、遺留品（陸軍飛行戦隊の記章）、死亡場所などで絞り込んだところ3人が有力候補として残った。

しかし決定打がないため、2003年10月には文書や図面、写真と沖縄テレビ制作のビデオ等の関係資料を添えて、沖縄県の福祉・援護課を通して、厚生労働省へＤＮＡ鑑定を申請したが、いまだに何の回答も得られていない。

遺骨と遺品は、戦後49年目の発見から16年経った現在もなお、南風原文化センターでご遺族の元へと帰る日を待っている。

■**親子**

2007年12月には、喜屋武シジの東側斜面地で、黄金森公園の園路整備工事中に２体の埋葬遺骨が発見された。遺骨や埋葬状況の観察結果、右側に30代女性、左側に10歳前後の男児が寄り添うようにして仰向けで埋葬されていた。特に男児は遺骨の残存状況が悪いため、死因は万全としなかったが、女性については埋葬はされたものの、頭部は胴体に対して逆さに置かれていた。つまり、死因は頭部切断によるものと思われる。

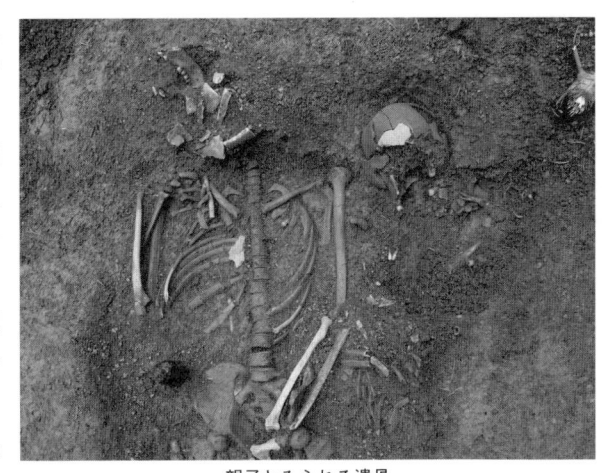

親子とみられる遺骨

双方の遺骨周辺からは鉄の小破片が数多く出土したことから、爆弾の破片を無数に浴びたことも容易に推測できた。２体の推定年齢から親子

である可能性もある。

　想像を膨らませてみると、黄金森の埋葬地近くで、砲爆弾の破片によって被弾死した親子の遺体を発見した人が、集落からわずかに入っただけの黄金森に小規模の墓穴を掘り、憐れみをもって2人の遺体を埋葬してあげたのではないだろうか。

　前記2件の遺骨はいずれも埋葬されていることが共通している。つまり、遺体を埋葬するだけの余裕があったことを示している。沖縄戦体験者の証言を見ると、戦況が激しい中、戦場を避難する際に多くの死体が転がっているその横を通って逃げたことや、死体を乗り越えて夢中で逃げまどった様子などが記されている。銃砲弾が飛び交う戦場では、身内の死においてさえも埋葬することができずにいたのだから、黄金森の2件についてはある程度の時間的、戦況的なゆとりがあったのではないだろうか。
　その時期は、1945年5月中旬より前で、南風原村（当時）内が地上戦の舞台となる以前だったと思われる。
　喜屋武シジ周辺に埋葬された遺骨を考古学的に発掘した事例は、上記の2件だけであるが、前述したように戦後いち早く木々が再生したことや、バレーボールに見まがうような頭蓋骨がいくつもあった状況からすると、いまだに収骨されることなく、戦時中に埋葬されたままの埋葬骨が存在する可能性は高いと思われる。

　　　　　　　　　　　　　　　　　　　　　　　　（上地克哉）

VI

20号壕の公開、活用

―――― 上地 克哉

> **＊――コラム**
>
> ### 「山火事」
>
> 　1950年代の終わりころに、黄金森で大火があった。僕は、小学生であったが、不発弾があちこちで爆発し、怖くて家に閉じこもり、遠く離れた我が家にまでその爆発音が聞こえ、灰なども飛んできた。
> 　おそらく、戦後はじめての黄金森の大規模な山火事であり、大人たちもとても消火作業どころではなかったのではないかと思う。ある人は、黄金森の自分の畑にある不発弾を抱えて逃げて来たという。
> 　その山火事で、多くの死体も灰になったと考えられる。
>
> ### 「火の玉」
>
> 　黄金森には、火の玉がよく上がったという。火の玉は、黄金色で黄金森という名は、そこから来たという人もいた。この火の玉、おそらく黄金森で死んだ兵士たちの骨が、リンとなって発光したものではないかと、当時ささやかれた。
>
> 　　　　　　　　　　　　　　　　　　　　　　（大城和喜）

※ガイド養成講座からの出発

　文化財は、それを指定した行政だけのものではない。その地域みんなの遺産である。1人ひとりが関心を持ち、守り、語り継ぎ、活用していくべきものである。

　2006年度には20号壕の整備工事を終え、2007年度からの一般公開にむけて、南風原文化センターでは壕活用の柱として「ガイド養成講座」を開催した。

　当初、20名を第1期生として養成し、回を重ねながらガイドの人数を充実させていく予定であった。地元新聞2社の協力も得てガイド養成講座への募集を県内に募ったところ、なんと定員の3倍にあたる60名の方が応募してきた。事務局は反響の大きさと嬉しさの反面、応募してくださった60名をどのようにして定員の20名にふるいがけしていくか悩んだ。応募用紙の志望動機の欄には、各自の陸軍病院壕への思いが記されており、どれも優劣をつけることのできない動機であったため、ついには応募者全員を対象にガイド養成講座を実施することにした。第1回ガイド養成講座は、2007年1月から3月までの6回講座で、修了者は50名であった。

　第1回の養成講座は、全県域を対象に募集したので、第2回は2007年9月に南風原町内在住者に限定して募集し、9名が応募、全員が修了した。第3回は2008年7月に全県域を対象で、15名が応募し、12名が修了。第4回は2008年10月に町内在住者を対象に、8名が応募、全員が修了した。総受講生92名、うち修了者79名となっている。

※南風原平和ガイドの会

　第1期講座修了後の2007年4月には、「南風原平和ガイドの会」が発足し、2009年9月にはNPO法人として新たなスタートを切った。

　NPO法人格取得直後の10月には、南風原町内の史跡や文化財について学び、今後の活動範囲拡大と地域活性化にまでつなげていく計画で、「総合ガイド講座」を現ガイドを対象にして実施した。

　同時に「ふるさと雇用再生特別事業（国庫補助事業）」の【シマじまガイド事業】も開始している。この事業は、その名の通り雇用再生を目的とした失

業者対策事業で、介護・福祉、子育て、産業振興、観光、環境、教育・文化等の分野で新規に興す事業に対応し、ＮＰＯ法人や各種団体が町からの委託を受けて事業を進めるものである。補助事業の期間は、2009年度から2011年度までの３年間で、

20号壕のガイド風景

それ以降は自立経営することが大前提という緊張感とおもしろ味のある事業である。

　これまでは、20号壕のガイド活動のみであったが、事業開始後には常勤者３名体制で、ガイドの会会員が調査員となって「各字のマップ（文化財や伝承、昔の暮らしぶり等を示す）を作成」し、見学者を募ってマップを活用しながら「各字をガイド」している。さらには「沖縄そば作り」「黒糖作り」「絣の織物作り」「琉球舞踊」「三線演奏」などの体験実習を、会員や琉球絣事業協同組合、町文化協会、そのほか多くの町民と協力体制を組んで実現しようと動き出している。

　すべてが試行錯誤の連続である。しかし、このチャンスを最大限に活かし、壕と文化センターを基軸にした活動がどこまで展開できるか未知数ではあるものの、ガイドの会と文化センターとが手を取り合い、夢と希望を持った挑戦が始まっている。

❖20号壕の見学方法

　「南風原の20号壕は、団体での見学ができない」「人数を制限しているから待たされる」などの風評がある。これらは、大人数を相手に戦跡を案内している方々や戦跡を観光商品として扱っている業者さんが、私たちの公開方針を理解せずに発せられているものと思われる。大人数が立ち止まって考える時間もなく、次々と戦跡をハシゴすれば平和学習になるという、商業的な見

南風原文化センターを見学する修学旅行生

学方法を採用していれば、20号壕はとても見学することはできない。

南風原町では、「1度に壕内に入れる人数は10名以内」「真っ暗闇の壕内を懐中電灯の明かりだけで見学する」「ヘルメットを着用する」「壕内では現場の空気や闇を体験し、当時を想像するために写真パネルや説明板は設置しない」「見学者を常駐のガイドが案内する」「壕を案内するガイドは南風原町のガイド養成講座を修了した者とする」「団体の見学は基本的に予約制である」など公開についての方針がある。

これは「壕はかけがえのない文化財であり、狭小かつデリケートな平和学習の場である」ことから、壕の保全と見学者の安全を確保するために決定したことである。だから、見学する人にもそれなりの意識を持った上で見学していただきたい。わがままな思いかもしれないが、戦後65年が経過して風化が進んでいる壕を、少しでも長く後世につなげていくためには必要なことなのである。

2009年11月からは、黄金森の「飯あげの道」に隣接してリニューアルオープンした南風原文化センターの常設展示と合わせて、20号壕も見学できるようになった。特に団体見学のお客さんで、たとえば80名の団体であれば2グループに分かれて、40名を壕の見学へ、そして残る40名は文化センターの展示を見学。約50分後には双方が入れ替わるように見学すれば、飯あげの道を歩く体験を含めて2時間程度で壕とセンターを見学できる。

また実績として、観光バス3台（3クラス）の120名を3グループに分けて、①20号壕見学、②文化センターの展示見学、③文化センターの映写室でビデオ視聴と、約30分ずつの時間配分によって、1時間半程度で見学したこともある。それから、修学旅行の下見で来られた先生で、少人数でしか入れないことに対してスケジュールの上では不安があるが、ぜひ20号壕を生徒に見て

Ⅵ　20号壕の公開、活用

もらいたいということで、事前調整を重ねて320名の高校生が、朝9時から夕方5時まで、1日かけて見学したこともある。
　現在、このように団体での見学申し込みがあれば、事前に打ち合わせをさせていただいている。それは、陸軍病院壕での出来事や戦争がどういうものなのか、また平和や命について、1人でも多くの人が20号壕という戦争遺跡の見学を通して感じ、考えてもらうようにするためである。それは、ここで亡くなられた方々もそう願っておられるはずだと思うからである。

✤見学者の状況
　壕の見学者数は、公開開始の2007年度が9898人、2008年度が8121人であった。見学者の町内外の比率は、2007年度が町内13％、町外87％。2008年度が町内12％、町外88％とほぼ同じである。
　その内訳は、団体の見学者に限って見てみると、町内は小中学生がクラスや学年単位で、慰霊の日の関連授業や総合学習の授業で訪れたり、各字の老人会が文化財巡りなどで来壕している。町外からの見学者は、県内小中高校の平和学習授業、各市町村の自治会や老人会、遺族会、学童クラブ、労働組合など。県外からは中高校の修学旅行、大学のゼミ、労働組合、宗教団体などが、平和学習として訪れている。

✤壕の維持管理
　南風原町では20号壕の公開活用事業費として、年間約450万円（2009年度）が予算化されている。その内容は、管理人報酬（160万円）・ガイド謝礼（160万円）・安全管理委託料（100万円）・保険料（3万円）・光熱水費（14万円）・消耗品費（13万円）となっている。
　ここで強調したいのは安全管理委託料で、2009年度は事業費の4分の1弱の予算額が充てられている。壕を公開するにあたって最も重要な安全性の確保について、壕内外各所に設置した観測機器類の観測及び解析業務を専門の業者に委託して、日々の安全を確認しながら公開しているということである。

　壕内外に設置した機器類と数、用途は次の通りである。

①パイプ歪み計＝5カ所。丘陵の大きな地滑りを観測するもので、壕が構築されている丘陵の上面から地下の壕を傷つけないようにして、深さ15〜17メートル程ボーリングし、その中にパイプ歪み計が設置されている。
②荷重計＝6カ所。壕内部天井面の落盤を感知するもので、鋼材と壕の天井部分との間に設置してあり、天井面が剥離して荷重がかかると計測値が異常を示す。
③変位計＝7カ所。壕内壁面の剥離や崩落を感知するもので、壕内壁面の強度調査（一軸試験）を実施した際の、壁面の横方向にボーリングした穴を利用して変位計を設置し、剥離等が起きると計測値が異常を示す。
④酸素計＝4カ所。酸素欠乏を感知するもので、壕内壁面に設置してある。これまでには、夏場の台風襲来の際に1度だけ警報が鳴ったことがあり、気圧が低下したためだったのかは不明である。
⑤防災設備＝3カ所（押しボタンとインターホン。消火器5カ所）。
　壕内部を鋼材で補強した場所では、その上から発泡ウレタンを吹き付けて、これ以上の落盤を防ぐという方法を取っている。この発泡ウレタン材は難燃性を使用してはいるものの、燃える可能性がゼロではないため消化器を設置している。また、押しボタンとインターホンは、壕内で見学者が体調を崩して倒れたりした際に、壕外にある管理室との連絡を取るためのものである。
　これらの中で、荷重計と変位計については毎日管理人が計測してデータを収集しており、パイプ歪み計は委託業者が週1回データを回収している。また、いずれか1つにでも異常値が確認された場合には、協議して対応策を取ることになっている。
　壕を保存・公開するための整備工事はしたが、それはコンクリートや鋼材などで壕内すべてをガチガチに固める整備手法ではなく、観測機器を設置して観測する必要がある状態、つまり壕使用時のオリジナル部分が遺っていて、そこを追体験することができる場所であるということでもある。したがって、完全な安全対策後の公開というものではなく、前述の機器類を用いて経過観測しながらの公開となっている。
　また、人数制限はしているものの、不特定多数の見学者が壕内に入ることで壕の劣化が今後どのように出てくるか、正直なところ不安も残る。公開に

Ⅵ　20号壕の公開、活用

よって劣化が加速する可能性があることは充分承知していることなので、常にできる限りの維持管理を行いつつ、「壕の教育力」に重点をおいて、見学しやすい環境整備と壕の保全を第一に考えていきたいと思っている。

❖ガイドの横顔

　ＮＰＯ法人南風原平和ガイドの会には現在43名の会員がいる。みなさん、それぞれが思いを持ってガイド活動に取り組んでいる。ガイド講座を受講したきっかけや見学者を連れて壕内に入った時に感じたこと、お客さんから教えていただいたこと、引いてはガイド活動を通して町づくりに参画するきっかけをつかんだことなどさまざまであるが、しかしガイド全員に共通することは、お客さん（見学者）との「出会い」に対する感謝の気持ちである。
　ここでは3人の方を紹介しよう。

①藤原政勝（ガイド講座1期生）
　定年後かかわった『南風原町第4次総合計画』づくりに、住民として参加した後、町の広報誌で『陸軍病院壕ガイド養成講座』開催の呼びかけを見て、父親が沖縄戦で亡くなったことを知りながらも南風原町に戦時中の病院壕があることも知らず、今まで過ごしていたことに恥らいを感じながら応募した。
　3カ月の講座を受け、平成19年4月6日に修了者でガイドの会を結成し、会長に推され、平和ガイドとしては初心者の私が何をして良いのか分からないまま、自分たちが出来るところから始めてみようと進めてきた。
　2年間の活動の中から多くの人たちに伝えて行くためには、任意団体ではなく法人化することが必要と感じ、ＮＰＯ法人設立に向けて多くの仲間と話し合い、法人設立にこぎつけた。
　1度の入壕者数が10人単位で、団体には向かないといわれていた壕の見学も、新文化センターの見学と飯あげの道、20号壕と連携する新しい企画のコースを開発し、訪れる多くのお客様から喜ばれている。
　目を輝かして文化センターでの20号壕の映像やガイドの説明を聞いている見学者の皆さんを見ると、この仕事の大切さをひしひしと感じる。
　そしてアンケート用紙に記入して送ってくださる、壕を見学したお客様の

言葉の数々、激励の言葉や叱責の一つひとつ、読み進めていくたびに、このガイドの大切さを感じ、この気持ちをガイドや多くの人たちに共有していただこうと、『南風原平和ガイド通信』も現在21号まで発行することができた。

　平和の大切さを伝えることが、沖縄戦で亡くなった父親に少しでも喜んでもらえればと、人生最後の仕事としてやりがいを感じる今日この頃である。

　②翁長まゆみ（ガイド講座2期生）
　ガイドになったのは、2007年の夏に町の広報誌で見た、ガイド養成講座の募集がきっかけだった。早速、文化センターへ行ったのが休館日の水曜日。休館日さえ知らなかった。その後、初めて壕へ足を運んだのは10月10日、十・十空襲の日。何の偶然か、今も不思議である。

　勉強会で初めて見学した時の壕は、真っ暗闇で早く出たいという思いだった。懐中電灯1つだけでは前が見えない。不安で進めない中、ガイドをしてくれる人がいるって有難いと思った。そして何度かガイドをしているうちに、小さな懐中電灯1つで見学者の方々の足下を照らしながら、案内して進んでいる自分に気づいた。

　それから「足下」という言葉がとても気になりだした。自分にとっての足下って何だろう。毎日、自分に問いかけ、そして見つけた1つの答えが、自分が今住んでいるこの場所。この町だった。足下が住んでいる町なら、そこを照らすってどうしたらいいのか。

　まずは関心を持つことからと思い、沢山の方々との交流が始まった。そこで今まで町に無関心だった自分に気づいた。平和ガイドをきっかけに、多くの人たちと出会い、自分も何かしたい、自分に出来ることから町づくりに参加したい、そう思うようになった。

　戦争の傷跡は決して、悲しみや苦しみだけではなく、今を生きるために必要なかけがえのないものだと気づいた。

　そして平和ガイドというチャンスを与えていただいたことに感謝している。これからも自分に出来ることから続けていきたい。

　③嘉数聡（ガイド講座3期生）

Ⅵ　20号壕の公開、活用

　2008年9月から壕のガイドをさせていただいている。南風原町で育ったが、先祖が南風原にいたわけではなく、新住民のようなもので、まだまだ南風原町について知らないことが多い。
　このガイドを始めてから南風原について学び、また平和について真剣に考える機会が多くなったので、これからも頑張りたいと思う。
　正直にいうと、平和ガイドを始めたきっかけは、純粋な平和活動の動機に拠るものではない。どちらかといえば将来、学芸員になるための練習場という軽い気持ちで講座を受けたようなもので、戦争と平和について学び、伝えていく活動をされている方々からすると、不純と思われる動機だった。
　今現在もあまり純粋な気持ちでガイドをしているとは言えないが、この南風原の病院壕を見学するために本土から来てくださる方々や、修学旅行の中高生、休日を利用して来てくださる地元沖縄の方々を案内するたびに、自分ももっと真剣になろうと、気持ちが引き締まる。
　まだ駆け出しなので、先にガイドを始めた先輩方や、時にはお客様から戦争について教えていただくこともある。最近は、こういった一人ひとりの出会いにも感謝するようになった。ここで平和ガイドをしていなければ、決して、会うこともなかったかもしれない人に出会える。これからはこういった出会いを大切に活かし、もっと上手くガイドできるようになりたいと思う。

✤20号壕見学者の声
　2007年6月18日の見学開始から、これまでに多くの方々が20号壕を見学してくださっている。見学の際には、受付で壕のリーフレットとともにアンケートハガキをお渡ししている。それには、見学の感想やガイドへの激励のほか、苦言などもあるが、そのすべてがガイド活動の力になっていることも事実である。以下にその一部を紹介する。

　1．町内
　●僕は2回目なので、ある程度分かっていたけれど改めて考えました。また、機会があれば行って平和について考えたいです。
（2008年5月27日見学　南風原町　小学校男児）

145

●壕の中は思ったより狭いものでした。豊見城の海軍壕跡などを知っていたからです。私の母校は南風原小学校。小学校の頃は、崩れたままの壕（小学校近く）の入口も遊び場でした。注射針や薬品ビンなどが散乱しており、それらを拾って来ては先生に怒られたものです。でも、その壕の奥に幾人もの兵隊の死体が埋もれたままだったなんて知りませんでした。　　　　　　　　　　（2008年3月20日見学　南風原町　50代男性）

2．県内
●広島・長崎・沖縄の平和記念館には何度も行きましたが、それ以上に訴えてくるものを南風原文化センター、そして壕で感じました。規模は小さくても本当にすぐ傍に戦争を感じました。一生懸命説明をしてくださったボランティアの方、保存してくださっている南風原の方に感謝です。　　　　　　　　　　（2008年4月19日見学　那覇市　50代女性）

3．県外
●素晴らしい施設と思います。「生きた戦跡」という感じがして、観光地化された戦跡とは違ったリアルさがあります。ご苦労も多いと思いますが守っていってください。　（2008年2月22日見学　福岡県　40代男性）
●壕に入って、知識で知っていたことと、実際に感じたことに差があり、知っていたつもりになっていた私は、あまりの狭さにまずびっくりしました。「実際に入ってみる」ことの重要さを改めて感じています。こういう体験の積み重ねや語り部の方々からていねいに聞き取ること、文化センターなどでの学習を進めること、それらすべてが関わっていて、それが体験の継承というか、語り継ぐことなんだなあと、今考えています。　　　　　　　　　（2008年5月3日見学　北海道　37歳男性）
●沖縄戦を語る上で欠かすことのできない南風原陸軍病院壕が整備・見学できるとのことでうかがいました。手掘りであったことと、予想以上に狭かったことが印象に残りました。入壕料を徴収して見学ができるようにすると「観光地化」という批判の声も耳にしますが、「百聞は一見にしかず」と言います。少人数制での見学を維持していただきたいで

Ⅵ　20号壕の公開、活用

す。　　　　　　　　　　（2008年6月24日見学　茨城県　30代男性）
　●お話では壕の内部をなるべく戦争当時のまま維持していくことは、時が経つにつれて非常に難しくなっているとのことでした。50年、100年先を考えると現状を保つのは困難かもしれません。だからこそ、壕を見学させていただいた私たちが、次の世代へ過去にあった事をしっかり伝えていかなければ、壕の風化とともに戦争の事実も風化してしまうと実感しました。私も自分なりに、今回の貴重な体験をしっかり活かしていきたいと思っています。　　　（2008年11月3日　埼玉県　30代男性）

4．体験者
　●幼い頃、米軍の砲弾を受け、こめかみの辺りと手を負傷した。父に連れられて南風原壕群に行き手当をしてもらった。傷の深さは子ども心にさだかではないが、命を助けてもらったと感謝している。今回、所用で近くに行ったので数十年ぶりに尋ねた。忌まわしい戦争の記憶の中で壕で受けた親切は忘れない。ありがとう。そして犠牲者の方々に合掌。
　　　　　　　　　　　　　（2009年5月15日　沖縄県　70代男性）

5．若者
　●案内の人がとても親切で、分かりやすかったです。壕の中から発見されたものはリアルで心が重くなりました。幅が狭く長い壕ははじめて入って酸素の薄さに驚きました。当時は、それに悪臭と湿度が重なると聞き、私はそこにいたらどうなるか考えました。20号壕を通して命の尊さ、戦争は2度としてはいけないと感じました。
　　　　　　　　　　　（2008年7月24日　沖縄県南城市　中学生）
　●病院壕というので現在の病院を想定して行くと全く違う、狭く暗い通路で驚いた。その場所が昔、病院として使われていたこと、さらに見殺しにされた人……このことを考えると胸が痛みました。そして2度とこのような事は起こしてはいけないと改めて思いました。
　　　　　　　　　　　（2008年11月24日　茨城県　男子高校生）
　●壕の中は思っていたより真っ暗で狭くて低くて、今にも崩れちゃい

そうな気がした。ガイドさんが優しく説明してくれて、戦争の時の様子が目に浮かんで、ちょっと涙が出ちゃいそうになった。今、自分が生きて好きな部活をやったり、友達と遊んだり、好きな食事をしたり、恋をしている事が何か申し訳ないというか、大切なことなんだなぁと思った。平和を保つのは難しいけど、やらなきゃならないことだと思った。

(2008年11月24日　茨城県　女子高校生)

　提言や苦言では、「真っ暗な壕内でのガイドの説明が長すぎて、霊的には感じない自分でも気分が良くなかった。短く簡潔にしてほしい」、「壕内が暗すぎるため、もっと明るくして欲しい」、「暗すぎて何も見えず、感動がなかった」、「壕の中に写真や解説文を展示してほしい」、「充分なガイドができていない」などがある。

　多くは、沖縄県内に在住する年配の方からのご意見である。

✤そして、壕の未来

　2007年6月から20号壕の公開が始まっている。今後は、「南風原陸軍病院壕―整備・公開についての答申書」(2003年)にもとづいて、20号壕だけではなく、20号壕西側出入口の向かい側にある「24号壕」、喜屋武シジ周辺に構築された「散兵壕(交通壕)」、爆弾穴を利用して数カ所にあったといわれる「死体埋葬地」、これまでに確認されてきた各「壕」など、黄金森に「点」として残っている語り部としての現場を保存整備した上で、遊歩道や見学コースとしての「線」でつなぎ、「戦争・平和学習コース」として活用していこうと考えている。

　また、黄金森だけにとどまることなく、当初、病院として使用された南風原国民学校(現南風原小学校)や第三外科壕群、字喜屋武の炊事場、飯あげの道など黄金森周辺の陸軍病院関連戦跡も含めた見学コース、さらに範囲を広げて、字新川の「ナゲーラ壕(第62師団野戦病院)」、字津嘉山の「第32軍司令部津嘉山壕群」や「慰安所」跡地、字神里の「列車爆発事故現場」など、町内全域の戦跡を巡る見学コースの設定も必要だろう。

　これら追体験の場としての戦跡と、学びの場としての南風原文化センター

Ⅵ　20号壕の公開、活用

の展示とを合わせて学習することで、より一層沖縄戦についての理解を深めることができるだろう。ある意味では、博物館の屋内展示部門が文化センターで、屋外展示部門が黄金森やその周辺及び町内にある戦跡であると位置づけた見学方法を構築することによって、「面」的な広がりを持った学習が可能ではないかと思っている。

　これらは、黄金森公園整備事業や南風原町の町づくり計画との調整が必要になるが、黄金森内の壕と壕や戦跡を結ぶ遊歩道については、これまでの調整によって実現している部分もある。また、飯あげの道や陸軍病院関連戦跡を歩く見学コースについては、20号壕のガイド活動をしているNPO法人南風原平和ガイドの会が一部を実施しながら、さらなる計画を進めている。文化センターの展示案内も含めた今後のガイド活動の展開に期待したい。

　整備の完了は、活用の始まりである。地域においてかけがえのない歴史遺産は、行政や一部の市民団体だけのものであってはならない。その遺産を通して地域の多くの人たちが関われる組織づくりや、地域を巻き込む活動へと展開ができれば、遺産を後世へと継承していくことができるのではないだろうか。

※──コラム

「カビ」

　整備工事終了後から壕の公開までに約3カ月の期間があった。その間、壕内は完全な密閉状態になったため、壕内の空気は動くことなく停滞したので、土中に生息しているカビの生息環境が、この上なく良好になってしまった。

　壕内は四季を通して気温20〜22度、湿度は70〜80％になるため、整備工事で手を加えた部分、特に発泡ウレタンを吹き付けて茶色に塗装した場所では、壁一面が真っ白になるほどの繁殖状況だった。そこで、公開までに3回の駆除作業を行った。公開後は、常に見学者がいて壕内の空気が動いているため、目に見えるカビの繁殖はない。

　ちなみに、公開前にカビの種類や密度などを専門の調査機関に調べてもらったところ、一般的な土壌中にいる菌の種類と密度なので、特に気にすることではないとのコメントが得られた。

（上地克哉）

VII

戦争遺跡の調査と保存運動の歩み
——沖縄を中心に

————吉浜　忍

—コラム

「壕の宝物探し」

兼城の人たちは、残されたものがないかどうか壕に入ってみた。何壕だったかは分からないが入った人たちは、みんな皮膚がかぶれたので、その後、壕に行く人はいなくなった。壕内に薬品が充満していて、それでかぶれたのではないかと思ったという。

僕も近くの「悲風の丘」の壕に入り、ガラスのアンプルに入った栄養剤みたなものを飲んだことがある。ある先輩は、壕からとったフラスコや三角定規等を学校の授業に使い、先生に褒められたという。

壕には宝物があるのではないかと、怖いながらもわれ先にと入ったものだ。

（大城和喜）

南風原町の沖縄陸軍病院壕の保存活用の取り組みは、全国、特に沖縄県の戦争遺跡の調査と保存運動の歩みと深くつながっている。ここに、その歩みを紹介する。

✤観光目的の保存活用

　沖縄県における戦争遺跡の保存活用は実は観光目的から始まった。1962年、那覇市が首里の第32軍司令部壕を「観光資源」として開発するために調査した。しかし壕口が不明だったことと壕内の崩落が激しいことにより、開発を断念した。同壕は1968年にも沖縄観光開発事業団（現在の沖縄観光コンベンションビューロー）が「観光資源」として調査したが、那覇市と同じ理由で断念した。ところが、沖縄観光開発事業団は翌1969年、保存状態が良好であった豊見城の海軍壕の開発を進めた。その結果、海軍壕は全長450メートルのうち270メートルが修復・整備され、1970年に公開された。開発目的はあくまで「観光資源」であり、現在沖縄観光コンベンションビューローが管理運営

観光コースとして保存活用されている海軍壕（豊見城市）

し、しっかりと観光コースに組み入れられている。観光用ではあるが、海軍壕は沖縄における戦争遺跡の保存活用の第１号であった。

　戦争遺跡を「観光資源」として開発する動きはその後30年経てであるが、糸数アブチラガマでも起こった。南城市にある糸数アブチラガマは復帰後、沖縄修学旅行や県内学校・団体が沖縄戦を追体験する場として知られていた。2003年、このガマを自治体が観光資源として修復整備して、「管理条例」を制定し、入場料金を徴収している。

　1972年の日本復帰までの沖縄観光の主流は南部観光コースに象徴されるよ

Ⅶ　戦争遺跡の調査と保存運動の歩み──沖縄を中心に

うに、ひめゆりの塔、健児の塔、摩文仁ヶ丘などに建立された各県の慰霊の塔、そして海軍壕を巡る「戦跡観光」が定番であった。

✤戦跡めぐりの始まり

　戦争遺跡を見る、触れる、考えることを通して沖縄戦を追体験する「戦跡めぐり」は1970年代から始まった。これは住民の証言を収録した『沖縄県史　第9巻　沖縄戦記録1』(1971年)『沖縄県史　第10巻　沖縄戦記録2』(1974年)の刊行と符合する。

　『沖縄県史』の手法は那覇市史など市町村史にも波及した。こうした住民の視点を中心とした沖縄戦の記録が進むと、海軍壕などの軍隊中心の戦争遺跡から住民に関連する避難壕（ガマ）などの戦争遺跡の価値を認識するようになった。

　当初の「戦跡めぐり」は、教職員の組合である沖縄県教組那覇支部・高教組那覇支部・高教組南部支部が6・23（ロクテンニサン）「慰霊の日」の一環として取り組んでいた。

　「戦跡めぐり」の戦争遺跡の中心は糸数アブチラガマ壕とガラビ壕であった。それぞれの組合が各学校の教職員や生徒に参加希望を募って実施していた。新卒の高校教師であった吉浜も松明を灯してガラビ壕に入った衝撃は忘れることができない。この体験が戦争遺跡の調査研究の原点になっている。

　こうした組合の取り組みとは別に、唯一学校独自に「戦跡めぐり」を実施していたのが知念高校であった。学校地域に糸数アブチラガマがあり、地域の沖縄戦学習を「戦跡めぐり」を主眼に置いて実施していた。

　しかし、当時、「戦跡めぐり」は沖縄戦学習の定番としての「市民権」を得ておらず、現在のような広がりはなかった。一方では、復帰後の開発行為によって貴重な戦争遺跡の破壊が急速に進んでいった。

✤戦争遺跡の保存要請

　沖縄戦終結32周年の三十三回忌（沖縄では三十三回忌をウワイスーコー〈終わり焼香〉と呼んでいる）の1977年に結成された「沖縄戦を考える会」は、「沖縄戦争遺跡・遺物の保存」を総会で決議し、沖縄県に要請した。

その中で「戦後復興の名のもとに、あるいは観光のためとして」、戦争遺跡が「破壊あるいは変容されてきましたし、また現在残っているいくつかの遺跡・遺物も破壊の危機に直面しております」という現状認識を示している。さらに戦争遺跡・遺物の価値を「沖縄県民の戦争体験記録とともに、沖縄戦の科学的・総合的研究を有する歴史資料」であり、県の「保存行政の早急な確立」を訴えている。要請文の背景には、前述した沖縄戦の住民証言を記録した『沖縄県史』刊行や、住民を視点に沖縄戦を展示した旧沖縄県立平和祈念資料館が背景にあった。また、この要請文は戦争遺跡の価値・保存の意義を明言したことでは、沖縄県内で初めてであった。

　しかし、沖縄県からの明確な対応はなかった。吉浜は、当時の県当局の戦争遺跡に対する認識の一端をあらわす場面を経験している。それは、吉浜が沖縄県文化課事業の「文化財パトロール」の１人として、年１回開催される会議の席上、会議の議題にはないが、毎年のように戦争遺跡の文化財的価値と破壊状況について報告し、文化課の回答を求めたが、毎回のように「検討している」との回答しか得られなかった。

　1980年代は、「戦跡めぐり」が県内外に広がった時期であった。1980年、「沖縄戦を考える会」は再び「戦争遺跡・遺物の保存」を県、そして今回からは市町村にも要請したが、これまた反応はなかった。

　こうした戦跡めぐりの活発化の動きに連動して、戦跡ガイドブックが相次いで刊行された。1983年には『観光コースでない沖縄』（高文研）、1986年には『歩く・みる・考える沖縄』（沖縄時事出版）がその代表である。さらに県内の市町村史では、81年那覇市史、82年宜野湾市史、84年浦添市史、87年西原町史、89年座間味村史が沖縄戦編を刊行している。

　こうした動きのなか、1986年には『歩く・みる・考える沖縄』の編集者・執筆者が中心になって、「平和ガイドの会」（現在の沖縄平和ネットワーク）が結成され、右肩上がりに増え続ける本土からの修学旅行や県内の団体・学校の「戦跡めぐり」の受け皿がつくられた。

　90年代になると、80年代の動きにさらなる加速が加えられた。その象徴として、県（大田昌秀知事）が首里の第32軍司令部壕の保存・公開を政策方針に掲げた。1992年、この事業を後押しする「第32軍司令部壕の保存」要請を、

Ⅶ 戦争遺跡の調査と保存運動の歩み——沖縄を中心に

「沖縄戦記録フィルム１フィート運動の会」が行った。要請のあて先は那覇市長であった。要請文の中で第32軍司令部壕の文化財指定を提案している。

　1997年には、「沖縄平和ネットワーク」が沖縄県教育委員会宛に「戦争遺跡の保存と平和教育への活用のための具体的な調査」を要請した。要請は次のような具体的な項目を示した。①全県の戦争遺跡分布調査の実施　②平和教育に活用される戦争遺跡の実態調査　③各市町村における戦争遺跡の保存活用と指定に関する調査　④戦争遺跡の科学的調査法の確立　⑤専門家による調査研究・審議機関の設置。しかし、この要請項目で県が実施したのは、戦争遺跡分布調査の実施のみであった。

❖戦争遺跡の調査─県立埋蔵文化財センターの取り組み

　こうした戦争遺跡の保存活用の動きに連動して、今まで個人が自らの研究や案内のために戦争遺跡を調査していたのが、組織的な調査に発展した。第32軍司令部壕の保存公開が盛り上がった1992年には、「沖縄戦記録フィルム１フィート運動の会」が那覇市と豊見城市の戦争遺跡82カ所を調査、なかでも「真玉御嶽の地下にある壕」「小禄中学校と安次嶺金満御嶽の地下にある地下壕」（いずれも軍隊の壕）は、簡易ではあるが壕の平面図も作成し、93年発行の『１フィート運動の会　10周年記念誌』に収録している。

　一方、那覇市も「沖縄戦記録フィルム１フィート運動の会」の調査を受けて、1997年に「那覇市戦跡（壕）分布調査」を実施した。調査は、調査票に戦争遺跡の概要と地図に所在地を記録するという方法をとっている。結果、那覇市では87カ所の戦争遺跡が確認されている。

　1998年になると、本格的な戦争遺跡の調査が始まった。沖縄県立埋蔵文化財センターが文化庁補助事業として「戦争遺跡詳細分布調査」をスタートさせたのだ。この事業は全国で初めてである。事業は、県内の戦争遺跡の悉皆調査を実施することで戦争遺跡の現状を把握し、さらにその成果を報告書にまとめ刊行することであった。そしてその成果を、①文化財指定及びその保存に向けての資料　②諸開発事業から保護するための資料　③歴史学習・平和教育等への戦争遺跡の活用に供する基礎資料の３点に寄与させることを目的とした。

この事業の所管は県文化課、実施機関は県立埋蔵文化財センターであった。埋蔵文化財センターの事業は近代以前の発掘調査が主であり、戦争遺跡に関しては未経験であっただけに、戦争遺跡の専門家5名を調査員に委嘱した。吉浜も調査員の1人であった。

　スタート時は試行錯誤の調査であった。まず、調査対象地域を、南部・中部・北部・那覇と周辺離島・宮古・八重山の6地域に区分して、順次調査し、成果を報告書として刊行することとした。調査に入る前、各地域の市町村の文化財担当者に「当該所在地の戦争遺跡」を照会する方法をとったが、期待したほどの情報は得られなかった。それもそのはず、県をはじめ市町村の戦争遺跡に対する調査や認識はあまりなかった。戦争遺跡の所在報告があったのはせいぜい自治体で戦跡めぐりを実施している市町村に限られていた。

　そこで、これまで発刊された市町村史や字史、それに戦争遺跡に関する刊行物を渉猟して、できるだけ多くの戦争遺跡情報を集めた。さらに、調査地域での聞き取り調査も同時並行的に進めた。戦争遺跡の悉皆調査をめざしていただけに可能な限りの戦跡情報を収集することに努めた。

　南部から始まった調査は難航した。軍や官庁、比較的知られている民間の避難壕はカバーできたが、南部に無数にある避難壕として使用された自然鍾乳洞の多くは調査漏れとなったのだ。中部・北部・那覇も南部とほぼ同じ状況だった。調査経験は少しずつではあったが精度を高めていった。とくに宮古・八重山・離島はほぼ悉皆調査のレベルに達した。

　沖縄県戦争遺跡詳細分布調査の報告書として、『南部編』（2001年）、『中部編』（2002年）、『北部編』（2003年）、『本島周辺離島及び那覇市編』（2004年）、『宮古諸島編』（2005年）、『八重山諸島編』（2006年）の計6冊を刊行した。

　この報告書で記された戦争遺跡は979件である。もちろん現存している戦争遺跡の数であるが、実態はこの数の倍以上あると思われる。悉皆調査を謳っての調査であったが、必ずしもすべての戦争遺跡をカバーした数ではない。行政には調査期間があり、時間がなかったことにその原因はあったと思うが、それ以上に戦争遺跡の調査には時間がかかることも改めて実感した。調査員の1人として反省している。

　現存する戦争遺跡の見過ごし、木々に覆われた壕の未確認、さらに調査終

Ⅶ　戦争遺跡の調査と保存運動の歩み――沖縄を中心に

了後に開発によって発見された壕などと、今後の調査課題にしたい。

❖沖縄県内の戦跡指定

　1990年、南風原町が沖縄陸軍病院南風原壕群を文化財指定して以来、徐々にではあるが、県内自治体による戦争遺跡の文化財指定が増加している。

　1995年には沖縄市が「奉安殿」「忠魂碑」の２件をセットで指定。指定理由ではそれぞれの歴史的な役割は述べているが、価値や活用については触れられていない。説明板は設置されており、地域の戦跡めぐりにも活用されている。

　2001年には宜野座村が沖縄戦関連宜野座村資料として「古知屋第一共同墓地死亡者名簿１冊」「福山共同墓地死亡者名簿１冊」を指定。「指定の由来及び沿革」で「当資料は、沖縄戦から敗戦直後にかけて激動期の沖縄と宜野座村の様子を物語る貴重な資料である」と述べ、価値について言及している。沖縄戦関係の文書資料としては初めて指定であり、沖縄戦でほとんどの文書資料が焼失しただけに画期的である。今後の活用方法を期待したい。

　2004年、勝連町（現在のうるま市）が津堅島の「新川・クホウグスク周辺の陣地壕群」を指定。指定理由で「島の人々の戦禍の歴史と軍事上の要塞等を知る貴重な戦争遺跡である」と述べている。津堅島は、沖縄本島東側にある島で、日本軍が駐屯し陣地を構築、米軍との戦闘が展開された島である。陣地壕は要塞的な構造をもち、ほぼ原形を保ったまま状態で残っている。しかし現状は、文化財指定の標柱、説明板もないし、入れない状態であり、放置されている。このことは合併したうるま市にしっかりと引き継がれていないことが原因なのだろう。指定後の管理と活用を考えてほしい。

　2005年には２つの自治体が指定している。宮古島市が「海軍特攻艇格納秘匿壕」を指定した。この壕は海軍震洋隊の特攻艇を秘匿する壕であり、総延長約300メートルの県内に例のない大規模な規模と構造を備えている。指定理由に「戦争末期の宮古における軍事作戦や戦況などを知る上で貴重な戦争遺跡である」と価値を述べ、さらに「保存措置を講じ、平和学習等の教材として活用することが必要である」と活用方法についても言及している。壕の入り口には、指定標柱や説明板が設置され、戦跡めぐりに活用されている。

もう1つは渡嘉敷村が「特攻艇壕」と「集団自決の地」の2件を指定した。正式な指定様式ではないが、陸軍海上挺進隊の特攻艇を秘匿した「特攻艇壕」は「渡嘉敷島の戦史を実証する史跡として重要」であると価値を述べている。「集団自決の地」は「最も悲惨な戦争体験を強いられた」跡地として「歴史学習、平和教育等へ活用する目的」に指定し、「戦争の実相を語り継ぐ場所として保存を図りたい」と保存活用に言及している。沖縄戦当時渡嘉敷村に駐屯していた海上挺進隊の基地とその結果起こった「集団自決」（強制集団死）の場所を同時に指定したのは、渡嘉敷島での軍と住民の関係を示す象徴的な戦争遺跡であると認識したからだろう。この2つの戦争遺跡は渡嘉敷島の戦跡めぐりの場として活用されている。
　2008年には読谷村が「チビチリガマ」「掩体壕」「忠魂碑」の3件を指定した。83名が「集団自決」した「チビチリガマ」の指定理由には、惨状の経緯を述べたあと「軍隊は住民を守るために存在したのではなかったという沖縄戦の最大の教訓を示しています」とし、「チビチリガマは沖縄戦の実相を伝え『生命の大切さを考える場』としてふさわしい戦争遺跡」であると価値付けている。具体的な保存と活用については言及していない。
　「掩体壕」は陸軍北飛行場（読谷飛行場）関連の飛行機を格納する施設である。指定理由には「掩体壕は、この地が日本軍の飛行場であったという史実と沖縄戦を伝える生き証人として貴重」であると述べ、早急な保存の必要性にも言及している。「忠魂碑」の指定は沖縄市に次ぐ。
　読谷村の「忠魂碑」は、現在地への移動のため基壇の改修や刻銘文の破損と摩滅はあるが、ほぼ原形を保っている。指定理由には「忠魂碑は、日本の侵略戦争を美化する象徴として使われ、日本の歴史の負の側面をなすものであるが、戦時中の風潮を今に伝える生きた証人」と述べ、さらに「今後の戒めにもすべき歴史的な文化財」であるという負の遺産の視点を強調している。
　3件とも保存方法や活用方法については、今後の取り組みになるだろう。読谷村も戦跡めぐりが活発に行われており、この3件の戦争遺跡も欠くことのできない場所になっている。
　同じく2008年には石垣市が「旧登野城尋常高等小学校の奉安殿」を指定している。登野城小学校の奉安殿は学校敷地内で若干の移動はあるものの、県

内唯一戦前から現在の同一学校敷地内にある（ちなみに1995年に指定された沖縄市の「奉安殿」は、戦前の美里小学校敷地が戦後米軍基地に接収されたため、現在の美里小学校敷地にはない）。指定理由には「奉安殿」の歴史的役割と構造の概要は述べているものの、現在に伝える視点が欠落している。ただ、石垣市文化財審議会から市教育委員会への答申の提案理由には「戦前の社会思想や教育史を理解する上で貴重な歴史資料であり、平和教育の生きた教材になるものである」と記されている。

石垣市は2009年、「名蔵白水の戦争遺跡群」を指定した。名蔵白水地域は、日本軍の駐屯地・官公庁・住民の避難場所であり、戦争マラリアの発生地域でもあった。現在、名蔵白水地域には、八重山支庁壕・御真影奉護壕、日本軍がつくった井戸や塹壕、住民生活の跡が残っている。指定理由にはこれらのことを踏まえた上で、「戦争の悲惨さを後世に伝える平和教育に大きく寄与するものである」と活用の視点も述べている。石垣市の2件の戦争遺跡の保存と活用は今後の課題になるだろう。石垣市でも戦跡めぐりが活発に行われ、この2つの戦争遺跡はその重要な場となっている。

那覇市は、沖縄戦で島田叡県知事や荒井退造警察部長ら県職員が、約1カ月間戦場行政を執っていた、那覇市真地の「県庁・警察部壕」の文化財指定を予定している。

そのほかに沖縄戦での弾痕跡が生々しい伊江村の「公益質屋」（1977年村史跡指定）と石垣市の「電信屋」（1983年市史跡指定）については、文化庁の指定基準改正以前に「建造物」として指定されたが、広い意味では戦争遺跡として扱われている。

現在沖縄県内では、8市町村が13件の戦争遺跡を指定している。戦争遺跡の島といわれ、戦跡めぐりが全国一活発に行われている沖縄にしては、少なすぎる。県指定は1件もなくさびしい限りである。

✤戦跡文化財指定と困難性

南風原町が沖縄陸軍病院南風原壕群を文化財指定した1990年には、県内市町村で指定の動きがかなりあった。たとえば旧玉城村では糸数アブチラガマ、旧具志頭村では海上挺進隊の特攻艇秘匿壕、旧上野村では野原岳の軍司令部

壕と陸軍中飛行場の戦闘指揮所、旧平良市では海上挺進隊の特攻艇秘匿壕、石垣市では掩体壕などと各地の自治体から文化財指定の声があがっていた。近年でも本部町の民間監視哨を指定する動きがあった。しかし、このいずれも指定されていない。むしろ、これらのなかで旧具志頭の秘匿壕は河川工事のため破壊された。また沖縄本島で金武町に唯一残っていた、海軍震洋隊の秘匿壕も道路工事のため破壊された。

　一方、県は1995年、戦後50周年記念事業として、第32軍司令部壕を保存・公開するための検討委員会を発足させた。そして96年、第32軍司令部壕を「沖縄戦の実相を後世に継承する語り部」として保存・公開することを決定。引き続き97年には、委員会が具体的な「保存・公開基本計画」を答申したが、現在まで答申を受けて事業を実施した形跡はない。この事業は事実上凍結されたままである。

　その原因は知事の交代が大きい。自ら鉄血勤皇隊の一員とした沖縄戦を体験した大田知事がスタートさせた平和事業が、稲嶺知事に県政が代わって凍結されたのだ。もし第32軍司令部壕が公開されていたならば、戦争遺跡の文化財指定に弾みがついたはずである。

　また文化庁が2002年、全国的に近代遺跡調査をスタートさせ、全国都道府県教育委員会に対して戦争遺跡の分布調査を指示した。その結果、544件の戦争遺跡が報告された。沖縄からは169件の報告があった。それに沖縄県文化課はランクを付けていた。この時、「沖縄県戦争遺跡詳細分布調査」はまだ途中であり、戦争遺跡の件数もさることながら、規準のないランク付けにも大いに疑問を覚えた。

　この全国の分布調査の報告を受けて、文化庁は50件を選択し、詳細調査を行った。50件のほとんどが軍事施設であり、沖縄県は海軍壕と沖縄陸軍病院南風原壕の２件である。このころ沖縄県は、戦争遺跡を県指定するための委員会を発足させた（吉浜も委員）。委員会は１年間、県指定戦争遺跡の選定を議論し、県指定の方向性が見えてきた。ところがその後、委員会は開かれていない。いまだに県から委員会を閉じた理由は聞いていない。要するに、県の戦争遺跡に対する意識と関心は薄いと言わざるを得ない。

　指定の困難性の第１にあげられるのが地権者の同意である。戦争遺跡によっ

Ⅶ　戦争遺跡の調査と保存運動の歩み――沖縄を中心に

ては範囲が広く、複数の地権者がいる場合が多いため同意の困難性があげられる。このことは、これまで全国で指定された戦争遺跡は公有地が多いことでもわかる。沖縄も例外ではない。

第2にあげられるのが戦争遺跡に対する地域の認識である。自治体や地域住民が沖縄戦を伝える取り組みをしっかり行うことが大事である。たとえば、自治体主催による戦跡めぐり、ガイド会の発足、平和講演会、さらに戦跡ガイドブックの発刊などが必要不可欠である。

文化庁は1996年、「文化財登録制度（建造物）」を制定した。さらに2007年には建造物以外の有形文化財が登録できるようになった。登録制度とは届出制と指導・助言を基本とする、穏やかな保護措置を講ずることであり、逆に指定制度は、許可制と強い規制と手厚い保護を講じなければならないとしている。登録制度は、指定制度を補完する位置にある。

❖破壊される戦争遺跡

2009年、那覇市の久場川と真嘉比の日本軍陣地壕が、工事によって破壊された。

マスコミはこのことを大きく取り上げ、戦争遺跡の保存の重要性を発信した。戦争遺跡がマスコミや県民の話題になったということは、逆にいえば戦争遺跡の価値が一定の市民権を得ていることになる。

ボランティアの遺骨収集が行われた那覇市・真嘉比

沖縄は「戦争遺跡の島」であった。生活の周辺に必ず戦争遺跡が存在していた。だが、戦争遺跡の価値を訴える人もなく、多くの戦争遺跡が人知れず破壊されてきた。現在でも戦争遺跡を破壊から守ることは難しい。ここでは、

平和学習の場として認知され利用されている戦争遺跡の保存活用の困難性と問題点を紹介する。

糸数アブチラガマとガラビ壕は沖縄戦追体験学習の2大拠点であった。ところが2002年9月、突然、ガラビ壕の前に「私有地のため立入禁止　ガラビ洞地主管理人」の看板が立った。このためガラビ壕は現在まで立ち入り禁止、すなわち平和学習目的で入壕できない。なぜ、立ち入り禁止になったか。その経緯を述べる。

2000年11月、沖縄観光コンベンションビューローが、ガラビ壕内の強度を民間会社に委託して行った。調査は目視調査レベルであったが、沖縄観光コンベンションビューローは、12月には調査報告書をガラビ壕がある具志頭村（現八重瀬町）に送った。この調査報告書を受け取った具志頭村役場は、早速、ガラビ壕入り口に「ガラビ壕の入壕者へ注意」の看板を設置し、「入壕時の安全確保については自己責任」を明記した。

翌年の2001年3月7日、これらの動きを地元新聞が「ガラビ壕、立ち入り規制へ、天井に亀裂、落盤の可能性」の見出しで報道。この記事が一部全国紙にも報道され、沖縄修学旅行でガマ見学を予定している学校から、沖縄平和ネットワークに問い合わせが殺到した。沖縄平和ネットワークはことの真相を確かめるため、まず4月10日、「ガラビ壕の平和学習利用に関する見解と利用者・地元行政への要望」を発表し、13日には記者会見、19日には沖縄観光コンベンションビューローへ申し入れを行った。だが、この問題の進展はなかった。

2003年2月、こうしたガラビ壕の入壕規制や糸数アブチラガマの「平和学習とガマ」をテーマにしたシンポジウムが開催され、広く市民に訴えが、それでも進展はなく、ガラビ壕は立ち入り禁止のままである。

具志頭村（当時）が出した看板

ガラビ壕の入壕者へ注意

ガラビ壕は、去った沖縄戦の悲惨な戦争をふりかえることができる壕であり、戦争を追体験する戦争遺跡であります。しかし、当壕は自然洞窟に特有な諸々の要因で岩盤の落下等がありうるとされています。当ガラビ壕は私有地でもありますが、このように指摘を受け落盤のおそれがあるとされておりますので、入壕時の安全確保については自己責任において充分な配慮をされるよう注意します。

平成十三年　三月　一日
具志頭村長　諸見里　眞常

Ⅶ　戦争遺跡の調査と保存運動の歩み——沖縄を中心に

　このガラビ壕問題は、戦争遺跡の保存と活用が容易でないことを象徴的にあらわしている。現在、県内各地に所在している戦争遺跡の地主が立ち入りを禁止すれば、まったく利用できなくなるという現実を示している。利用者が怪我をしたら地主の責任になるのだ。地主の好意で利用できているのが現実である。事実、ガラビ壕の地主も具志頭村に土地の買い上げを求めたが、価格を含めて地主の思うような提案が示されなかったという。

　ガラビ壕の例が示すように、戦争遺跡の保存・活用は容易ではない。埋蔵文化財のように遺物があれば保存することが義務付けられ、開発行為で破壊されるにしても発掘、記録が義務付けられている。埋蔵文化財が法的に守られているのとは違い、戦争遺跡は人間がその価値を認め、保存の手をほどこさないと簡単に破壊されるのだ。

❖戦争遺跡保存全国ネットワーク

　戦争遺跡の保存・活用に取り組んでいたのは沖縄だけではなかった。全国各地で戦争遺跡の保存運動が起こっていた。そのなかで、沖縄平和ネットワーク（沖縄県）、松代大本営の保存をすすめる会（長野県）と日吉台地下壕保存の会（神奈川県）が中心になって、1997年に戦争遺跡保存全国ネットワークを結成した。そして同年、長野県の松代で「第1回戦争遺跡保存全国シンポジウム」を開催した。第2回以降、沖縄県南風原町、京都市、高知県南国市、神奈川県川崎市、山梨県甲府市、大分県宇佐市、千葉県館山市、長崎市、群馬県水上町（当時）、東京都国立市、名古屋市、そして2009年の13回目は長野県松本市と、毎年開催してきた。2010年6月には「第14回戦争遺跡保存全国シンポジウム」が再び沖縄県南風原町で開催される。

　戦争遺跡保存全国シンポジウムには毎年200〜400名の参加者があり、加盟団体の総会・開会集会・分科会（第1分科会「保存運動の現状と課題」、第2分科会「調査の方法と保存整備の技術」、第3分科会「平和博物館と次世代への継承」、特別分科会は開催団体の裁量で実施）・閉会集会・開催地の戦争遺跡のフィールドワークが主な内容である。

　加盟団体も2009年で、49団体と年々増加している（1998年は27団体）。

　戦争遺跡保存全国シンポジウムでは、加盟団体の活動や戦争遺跡の定義、

それに戦争遺跡の保存公開のあり方や伝え方などを情報交換し学習する。さらにお互いの親睦交流を図ることによって、戦争遺跡の保存を全国的な運動として展開することに大きな意義がある。

沖縄平和ネットワークは、戦争遺跡保存全国ネットワークの加盟団体として、戦争遺跡保存全国シンポジウムの中心的役割を果たしている。その沖縄平和ネットワークの活動の中心は、本土からの修学旅行をはじめ県内外の団体への「戦跡・基地」のガイドである。これらの活動が社会的に評価されて、2008年に第52回沖縄タイムス社会活動賞を受賞している。

✣マスコミの後押し

沖縄県内のマスコミは、毎年6月23日「慰霊の日」に向けて沖縄戦特集を組んでいる。近年、新たな体験者の証言の掘り起こしと次世代への継承に比重が置かれるようになった。その継承方法の1つに各地域で取り組まれている「戦跡めぐり」がある。記者が「戦跡めぐり」に同行取材して報道することが多くなっている。こうしたマスコミの慰霊の日関連の報道に、戦争遺跡が多く取り上げられるようになった。

ここでは県内新聞2紙の「琉球新報」「沖縄タイムス」、さらにテレビメディアの「NHK沖縄」の戦争遺跡を取り上げた報道を紹介する。

琉球新報は、沖縄戦50周年企画として「沖縄戦新聞」を報道した。新聞の体裁という斬新な企画の「沖縄戦新聞」は、2005年7月に1号を発行し、9月には最終号・14号を特集面として発行した。「沖縄戦新聞」は大きな反響を呼び、その後箱入りで増刷され、2005年度の新聞協会賞を受賞している。沖縄戦の実相を多角的に編んだ「沖縄戦新聞」は紙面に、「戦争遺跡を歩く」コーナーを設け、県内の戦争遺跡95カ所を地図入りで紹介している。こうした報道は、戦争遺跡の認知に大きな役割を果たした。

一方の沖縄タイムスも1997年、「鎮魂の夏 戦争遺跡は今」のテーマで6月9日～6月25日、県内の戦争遺跡13カ所を紹介している。紹介した戦争遺跡は、平和教育として訪れるような知られた戦争遺跡ではなく、地域住民の生活の場に残る弾痕のある石垣・艦砲穴・トーチカなどであった。このことに注目したい。すなわち、沖縄のいたるところに戦争遺跡があることを教え

Ⅶ　戦争遺跡の調査と保存運動の歩み──沖縄を中心に

ているのだ。
　ＮＨＫ沖縄は、県内の戦争遺跡を「ハイサイ！　ニュース610」の中で、「戦跡を歩く」コーナーで報道している。報道箇所は、2008年4月から2010年5月で70カ所を超える。「戦跡を歩く」の趣旨は、体験者の減少により証言を取ることが困難であり、そこで戦争遺跡を通して沖縄戦を伝えることが求められている、さらに残っている戦争遺跡を映像で記録することだという。「戦跡を歩く」は現在も継続中である。戦争遺跡の映像がニュース番組を通して放映されることは、視聴者が戦争遺跡を身近に感じることに繋がる。
　ほかの県内のテレビメディアも戦争遺跡報道を重視し、とくに開発による戦争遺跡の破壊に対しては、保存の視点から警鐘を鳴らしている。
　近年のマスコミの沖縄戦報道には、体験者の証言に加えて体験現場がセットされつつある。すなわち、戦争遺跡の視点が報道の大きな比重を占めるようになっている。

❖戦跡ガイドブックの発刊
　沖縄で戦跡ガイドブックが刊行されたのは1972年の復帰後からであった。復帰前の沖縄戦学習は祖父母・父母から体験を聞くことが主流であった。すなわち沖縄戦体験者が児童生徒の身近に多くおり、生々しい体験を聞き取ることが可能であった。従って、戦争遺跡が注目されることはなかった。琉球政府社会局援護課が「戦跡観光」のガイドブックとして、主な慰霊の塔をまとめた『沖縄の戦跡』(1958年)が刊行されてはいたが……。
　復帰前の1971年に刊行された『沖縄県史　第9巻　沖縄戦記録1』と、引き続き74年に刊行された『沖縄県史　第10巻　沖縄戦記録2』は、住民証言を記録することを主な目的に編集されており、戦争遺跡に特化した記述は皆無である。復帰前に刊行された沖縄戦関係書籍は、防衛庁戦史室による『戦史叢書　沖縄方面陸軍作戦』、沖縄戦に参戦した軍人の手記、学徒隊に関する手記が多かった。
　しかし、前述した『沖縄県史』は、住民を視点とした沖縄戦の見方・考え方に大きな示唆を与え、特に平和教育を担う学校現場では沖縄戦学習の1つの方法として戦跡めぐりが実践された。この成果を沖縄戦教職員組合那覇支

部がまとめて発刊したのが『沖縄戦と平和教育』(1978年) である。だが、わずか10ページに、「南部戦場地をたずねる」を題した実践報告を収めているにすぎなかった。復帰後、教職員組合が主催しての南部戦跡めぐりが「慰霊の日」前に実施され、参加希望者は毎回募集定員を大幅に上回った。この70年代の南部戦跡めぐりの中心として、活用されていたのが南城市（旧玉城村）の糸数アブチラガマと八重瀬町（旧具志頭村）のガラビ壕であった。

　80年代になると、戦跡めぐりをする本土修学旅行が次第に増え、県内でも「慰霊の日」の平和教育の一環として戦跡めぐりを実施する学校や団体・グループが右肩あがりに増加した。こうした中、『浦添市史　戦争体験記録』(1984年) は地域にある戦争も意識した悉皆調査を取り入れ、その成果を図にあらわした。『西原町史　西原の戦争記録』(1987年) もほぼ同様な編集がされている。

　80年代は平和教育と戦跡めぐりをからめた書籍の発刊が相次いだ時期でもあった。本土からの教師も参加した「沖縄セミナー」から生まれた『観光コースでない沖縄　戦跡・基地・開発・離島』(1983年)、沖縄県教職員組合島尻支部は戦跡めぐりの地にあるだけに戦争遺跡を調査し実践した成果をまとめて『教師と子どもの南部戦跡めぐり』(1983年) を刊行、沖縄県教職員組合・沖縄県高等学校障害児学校教職員組合も『おきなわへの旅　基地と戦跡めぐり』を刊行した。一方、平和活動の一環として戦跡めぐりを熱心に取り組んでいる沖縄県民生活協同組合も『ガイドブック　母と子の戦跡めぐり』(1984年) を刊行した。

　かつての戦跡めぐりのコースには、「魂魄の塔」「ひめゆりの塔」「健児の塔」などの慰霊の塔も含まれていたが、コースの中には摩文仁ケ丘に集中する各都道府県の慰霊の塔もあった。こうした戦跡めぐりに批判の矢を放ったのが、靖国神社国営化反対沖縄キリスト者連絡会が刊行した『戦争賛美に意義あり！　沖縄における慰霊塔碑文調査報告』(1983年) であった。同書は、県内140基の慰霊の塔の碑文の調査結果、とくに都道府県が建立した慰霊と塔と戦友会が建立した慰霊の塔の碑文には題名の通り「戦争賛美」の文言が刻まれていることを指摘している。

　こうした戦跡めぐりの書籍を踏まえ、より実践的に使用できるガイドブッ

Ⅶ　戦争遺跡の調査と保存運動の歩み──沖縄を中心に

クが誕生した。沖縄戦研究者・平和教育に熱心な教師・戦跡めぐりの実践者が一同に会し、編集委員会を立ち上げて刊行したのがルーズリーフ式『歩く・みる・考える沖縄』(1986年)であった。戦争遺跡の案内図・コースプラン(モデルコース・入門コース・親子コース・テーマ別コース)も提案したガイドブック仕様は県内外から少なからずの反響を呼んだ。まさに戦跡めぐりの高まりにかなった書籍であった。『歩く・みる・考える沖縄』は1987年の沖縄タイムス出版文化賞特別賞を受賞している。さらに、ガイドブックとして『沖縄の戦跡と軍事基地』(1985年)、『那覇の戦跡と基地』(1988年)が刊行された。

　90年代から現在までは、多様で多種類の戦争遺跡関連書籍が刊行された。まず公的機関の刊行物を見てみよう。沖縄県教育委員会は『平和教育関連施設マップ』(1994年)、沖縄県生活福祉部援護課が『沖縄の慰霊の塔・碑』(1995年)を刊行、全国の公的博物館・資料館で初めて戦争遺跡を企画展テーマに設定した沖縄県平和祈念資料館がビジュアルな編集の『沖縄の戦争遺跡』(2007年)を刊行した。

　市町村では、旧具志川市が市内の慰霊の塔を悉皆調査してまとめた『具志川市の慰霊の塔』(1995年)、旧玉城村が『糸数アブチラガマ(糸数壕)』(1995年)、石垣市が戦争遺跡を地図におとした平和祈念ガイドブック『ひびけ平和の鐘』(1996年)、宜野湾市が市内の戦争遺跡を調査してまとめた『宜野湾の戦跡』(1998年)、読谷村が村内33カ所の戦争遺跡を調査してまとめた『読谷村の戦跡めぐり』(2003年)をそれぞれ刊行した。また、市町村史でも、戦争遺跡が意識的に編集され付録として分布地図が添付された『糸満市史　戦時資料下巻』(1998年)と、『豊見城村史　戦争編』(2001年)も刊行された。近年では、高校教科書問題と大江・岩波沖縄戦裁判で全国に注目された座間味村が、『戦世を語りつぐ　座間味村平和学習ガイドブック』(2009年)を刊行している。

　さらに個人や研究会・団体でも戦争遺跡に関する書籍の発刊が相次いでいる。団体では、沖縄平和ネットワークは『新歩く・みる・考える沖縄』(1997年)、さらに特定の戦争遺跡を特化した『ガラビ・ヌヌマチガマ』(2001年)と『八重瀬の戦争　第24師団第1野戦病院の記録』(2004年)を刊行した。また、沖縄県歴史教育者協議会が『平和のためのガイドブック沖縄　自然・島々・

歴史・文化・戦跡・基地』（1995年）、沖縄県平和委員会が『親子で学ぶ沖縄の戦跡と基地』（1997年）、沖縄県教職員組合がＣＤ版ガイドブックとして『沖縄戦跡と米軍基地』（2003年）をそれぞれ刊行した。近年には沖縄県高等学校障害児学校教職員組合教育資料センターが、「高校生はじめ多くの若い世代が平和学習する上で、フィールドワークは大変重要だと指摘されています」という認識のもと、「沖縄のどこの地域でもフィールドワークができるように」、県内158カ所の戦争遺跡をまとめた『沖縄の戦跡ブック・ガマ』（2009年）を刊行している。

　研究会や個人でも地域を限定した戦争遺跡ガイドブックが刊行されている。宮古郷土史研究会が『宮古の戦争と平和を歩く』（1995年）を刊行した。八重山では、八重山歴史研究者であり沖縄戦では八重山農学校の鉄血勤皇隊に動員された崎山直が『戦跡に顧みる―八重山の戦時期ノート』（1994年）、また八重山の近現代史研究者の大田静男が八重山の戦争遺跡を悉皆調査した成果を『八重山の戦争』（1996年）に、さらに沖縄戦研究者の石原昌家は修学旅行の平和学習の定番地を特定した『沖縄の旅・アブチラガマと轟の壕』（2000年）を編んでいる。

　全国的にも戦争遺跡に関する書籍は活発に刊行されている。多くは戦争遺跡の保存団体の調査研究書・案内書である。なかでも戦争遺跡保存全国ネットワークが全国の主要な戦争遺跡を収めた『戦争遺跡から学ぶ』（2003年）を発刊、さらに戦争遺跡保存全国ネットワークで中心的に活動している人が編集・執筆した『しらべる戦争遺跡の辞典』（2002年）、『続しらべる戦争遺跡の事典』（2003年）も刊行された。この２冊は辞典形式ではあるが、戦争遺跡の調査・保存・学習の方法、戦争遺跡の案内など戦争遺跡に関する総合書である。

あとがき

　沖縄戦体験者が沖縄県人口の2割を切っている現在、沖縄戦継承の仕方がヒトからモノへと移りつつある。モノの代表が戦跡である。体験者と向き合い、証言を聞くことが大事である。しかし、このことは年々難しくなり、あと10数年経つとほとんど不可能になるだろう。こうしたなか、「戦争の生き証人」である戦跡が体験者に代わる「語り部」として注目されている。

　体験者が戦争の「記憶」を有しているように、戦跡も戦争の「記憶」を有している。戦跡には戦争の「傷痕」が残っている。戦跡と向きあうことにより、「傷痕」を感じることができる。こうした本物のヒト・モノに向き合うことが大切である。本物に勝るものはないからだ。

　だが、モノである戦跡は戦争の「記憶」をもっているが、自らは語ってくれない。モノはヒトを介することで語ることができる。そこには戦跡の調査が必要である。調査には、文献の渉猟、証言の記録、それに戦跡そのものの測量や発掘調査などがある。こうしてはじめて戦跡は語ることができるのだ。

　次に必要なことは、戦跡をどう語るかである。次世代に伝えるためには、語りの工夫が必要である。もちろんそこには見せ方も含まれる。近年、沖縄各地にガイドの会が組織され、戦跡めぐりが活発に行われている。戦跡めぐりの中心が地域にある戦跡である。地域にある戦跡は、その地域の沖縄戦を象徴する。そこで沖縄戦の実相が地域によって違うことが分かるはずである。沖縄本島では南部・中部・北部、周辺離島、宮古・八重山とそれぞれ違う沖縄戦の実相がある。沖縄では、まさに身近な地域に沖縄戦が存在するのだ。その地域の戦跡に触れることで、沖縄戦を身近にとらえることが可能となる。

　しかし、戦跡は容易に破壊される。破壊は現在進行形である。破壊を食い止めるためには、地域の自治体や住民が地域にある戦跡の価値を認識することが肝要である。戦跡の価値を認識し、戦跡を守る手立てをつくる必要がある。戦跡を保存する最も有効的な方法が文化財指定であることは言うまでもない。

　戦跡は文化財指定されることが目標達成ではない。保存した戦跡をどう活

用するかの視点をもつ取り組みをすすめられなければ、「生きた文化財」にはならない。

　本書は、こうした視点と方法で、沖縄陸軍病院南風原壕の保存活用に取り組んだ報告書である。取り組みは町の事業として進められた。したがって本書の執筆者は、町職員、町文化財保護委員会委員である。もちろん、この取り組みにかかわった町民、県民は数え切れない。執筆者はその代表であるといっても過言ではない。

　私たちは、この「前代未聞」の取り組みにそれぞれの担当業務や専門性を投入した。吉浜忍は南風原町文化財保護委員会委員や南風原町史編集委員会委員として主に町内各字の沖縄戦戦災調査、新旧南風原文化センターの理念と展示づくり、沖縄陸軍病院南風原壕の調査と町文化財指定にかかわった。大城和喜は町文化課職員として主に新旧南風原文化センターの建設、沖縄陸軍病院南風原壕の町文化財指定・整備・公開に、同じく町文化課職員の上地克哉は主に新南風原文化センターの建設、沖縄陸軍病院南風原壕の整備・公開、南風原平和ガイドの会にかかわった。前町文化課職員の古賀徳子は主に町内各字の沖縄戦戦災調査や町史編集、新南風原文化センターの理念と展示づくり、沖縄陸軍病院南風原壕の調査にかかわった。池田榮史は町文化財保護委員会委員として、主に沖縄陸軍病院南風原壕の所在調査や発掘調査、保存・活用・整備・公開にかかわった。以上のように、取り組みの大半がダブっている。そのため連携を密にしたことは言うまでもない。本書はそれぞれが中心的に担った事業や取り組みを分担執筆した。

　本書が、全国、そして沖縄県の戦跡保存活用の参考、前例になれば幸いである。

　　沖縄戦から65年目の慰霊の日を前にして
　　　　　　　　　　　　　　　執筆者を代表して　吉浜　忍

❖南風原文化センター＝紹介

南風原・沖縄に関する歴史資料や沖縄戦に関する展示、そして移民やむかしの暮らしなどの展示を行っている。
常設展示のほか特別展・企画展や講演会、音楽会、交流会なども開催している。

　［開館］午前9時〜午後6時
　［休館］毎週水曜日および12月29日〜1月3日
　〒901-1113　島尻郡南風原町字喜屋武257番地
　　　　　TEL：098-889-7399　FAX：098-889-0529

沖縄陸軍病院南風原壕群20号の公開も行っている。
見学の問い合わせは「南風原平和ガイドの会」まで。
　TEL／FAX：098-889-2533

◎執筆者紹介

吉浜忍（よしはま・しのぶ）
1949年沖縄県宮古島市生まれ。沖縄国際大学教授。沖縄近現代史専攻。本書の編集を担当。南風原町、那覇市、浦添市の文化財保護委員会委員。沖縄県史、豊見城市史、与那原町史、北中城村史など沖縄戦編の専門委員・執筆に携わる。沖縄戦、戦争遺跡、平和教育に関する論文多数。

大城和喜（おおしろ・かずき）
1949年沖縄県南風原町生まれ。前南風原文化センター館長。1976年より2010年3月まで南風原町に勤務。新旧南風原文化センターの建設、沖縄陸軍病院南風原壕の文化財指定・整備・公開に関わる。

池田榮史（いけだ・よしふみ）
1955年熊本県天草生まれ。琉球大学法文学部教授。考古学専攻。編・著書に『須恵器集成図録』第5巻（西日本編）雄山閣、『古代中世の境界領域-キカイガシマの世界』高志書院、『中世東アジアの周縁世界』同成社、「南風原陸軍病院壕群」Ⅰ・Ⅱ（『南風原町文化財調査報告書』第3・6集）など。

上地克哉（うえち・かつや）
1968年沖縄県読谷村生まれ。南風原町立南風原文化センター学芸員。南風原町内の戦争遺跡発掘調査に携わる。発掘調査報告書：『第三二軍津嘉山司令部壕群・津嘉山北地区旧日本軍壕群』（南風原町教育委員会）。

古賀徳子（こが・のりこ）
1971年福岡県北九州市生まれ。前南風原町史編集室嘱託員（1994～2008年度）。南風原町の沖縄戦戦災調査や沖縄陸軍病院南風原壕の調査に携わる。論文：「沖縄陸軍病院における青酸カリ配布の実態」（『戦争責任研究　第49号』日本の戦争責任資料センター）など。

沖縄陸軍病院南風原壕
● 2010年6月23日────────第1刷発行

編 著 者／吉浜　忍
　　　　　大城和喜・池田榮史・上地克哉・古賀徳子
発 行 所／株式会社 高 文 研
　　　　　東京都千代田区猿楽町２－１－８（〒101-0064）
　　　　　☎03-3295-3415　振替口座／00160-6-18956
　　　　　ホームページ　http://www.koubunken.co.jp

組版／株式会社ＷｅｂＤ（ウェブ・ディー）
印刷・製本／三省堂印刷株式会社

★乱丁・落丁本は送料当社負担でお取り替えします。

ISBN978-4-87498-444-4　C0036

◈沖縄の現実と真実を伝える◈

観光コースでない 沖縄 第四版
新崎盛暉・謝花直美・松元剛他　1,900円
「見てほしい沖縄」「知ってほしい沖縄」の歴史と現在を、第一線の記者と研究者がその"現場"に案内しながら伝える本！

ひめゆりの少女●十六歳の戦場
宮城喜久子著　1,400円
沖縄戦"鉄の暴風"の下の三カ月、生と死の境で書き続けた「日記」をもとに戦後50年のいま伝えるひめゆり学徒隊の真実。

沖縄戦・ある母の記録
安里要江・大城将保著　1,500円
県民の四人に一人が死んだ沖縄戦。人々はいかに生き、かつ死んでいったか。初めて公刊される一住民の克明な体験記録。

「集団自決」を心に刻んで
●一沖縄キリスト者の絶望からの精神史
金城重明著　1,800円
沖縄戦"極限の悲劇""集団自決"から生き残った16歳の少年の再生への心の軌跡。

修学旅行のための沖縄案内
大城将保・目崎茂和他著　1,100円
亜熱帯の自然と独自の歴史・文化をもつ沖縄を、作家でもある元県立博物館長とサンゴ礁を愛する地理学者が案内する。

沖縄修学旅行 第三版
新崎盛暉・目崎茂和他著　1,300円
戦跡をたどりつつ沖縄戦を、基地の島の現実を、また沖縄独特の歴史・自然・文化を、豊富な写真と明快な文章で解説！

改訂版 沖縄戦
●民衆の眼でとらえる「戦争」
大城将保著　1,200円
集団自決、住民虐殺を生み、県民の四人に一人が死んだ沖縄戦とは何だったのか。最新の研究成果の上に描き出した全体像。

沖縄戦の真実と歪曲
大城将保著　1,800円
教科書検定はなぜ「集団自決」記述を歪めるのか。住民が体験した沖縄戦の「真実」を、沖縄戦研究者が徹底検証する。

写真証言 沖縄戦「集団自決」を生きる
写真／文　森住卓　1,400円
極限の惨劇「集団自決」を体験した人たちをたずね、その貴重な証言を風貌・表情とともに伝える！

新版 母の遺したもの
◆沖縄座間味島「集団自決」の新しい証言
宮城晴美著　2,000円
「真実」を秘めたまま母が他界して10年。いま娘は、母に託された「真実」を、「集団自決」の実相とともに明らかにする。

沖縄一中鉄血勤皇隊の記録（上）
兼城一編著　2,500円
14～17歳の"中学生兵士"たち「鉄血勤皇隊」が二〇年の歳月をかけ聞き取った証言で再現する。

沖縄一中鉄血勤皇隊の記録（下）
兼城一編著　2,500円
首里から南部への撤退後、部隊は解体、"鉄の暴風"下の戦場彷徨、戦闘参加、捕虜収容後のハワイ送りまでを描く。

◎表示価格は本体価格です（このほかに別途、消費税が加算されます）。